世界を自由に歩ける日

その時見たいのは

何でもないけれど

なぜだか妙に純度の高い

こんな景色だ

Ezogeek

JIYUKOKUMINSYA

はじめに

はじめまして。普段は東京を拠点に日本、海外を問わずカメラを持って写真旅をしている Ezogeekと申します。この本「世界を自由に歩ける日 その時見たいのは 何でもないけれど なぜだか妙に純度の高い こんな景色だ」は私がこれまで経験してきた旅を写真という形でまとめたものです。

国内は西日本を中心に、海外はヨーロッパを中心に、現地の人々の生活に注目して旅してきました。勿論定番なのに行けていない場所や、逆に定番の所しか撮れていない場所もありますが、これも気ままな旅の流れと酌んでいただけたら幸いです。

気軽に旅行することが難しくなってしまった時間、寂しい想いを抱えながら季節は過ぎていきましたが、旅の高揚感、情熱は記憶に染み付いたままです。この写真の場所はどんな空気なのか、どんな匂いがするのか。乾いた光にはどんな暖かさがあるのか。見た人それぞれに様々に感じてもらえると嬉しく思います。

私には旅のルールが３つあります。

１．旅の最中はお気に入りの音楽を何度も聴くこと。
２．現地で気に入った香水を買って付けること。
３．旅先で出会った全ての光景を撮影すること。

毎日違う天井を見て目を覚ますという、普段では得られない非日常な喜び。でもそれも日常になる。
覚悟を決めた私の鼻をくすぐる、普段は嗅がない甘い香水の香り。さあ、旅の始まりです。

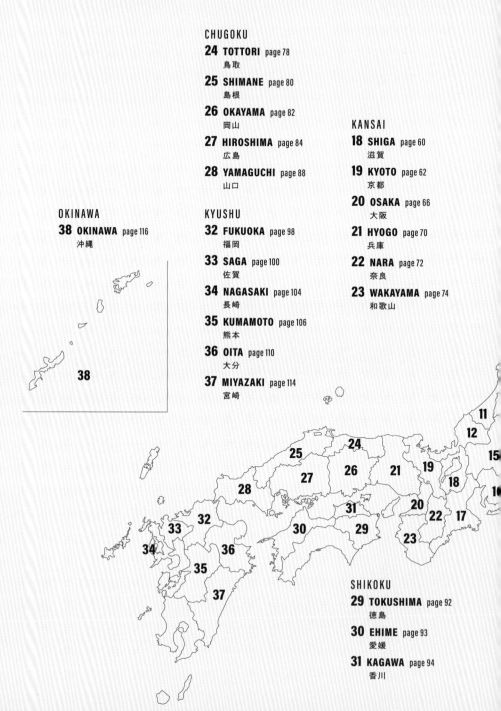

JAPAN

日本

平成二十四年五月吉日建之
平成二十六年二月初午建之
平成二十六年八月吉日建之
平成十六年九月吉日建之
平成二十年七月吉日建之
平成十八年三月吉日建之

日本を旅する。それは生まれ育った故郷を出る初めての家族旅行、自然教室、修学旅行、一人旅とい
ったものまで様々だ。それぞれに楽しさがあってそれぞれの場所に思い出があるもの。神奈川で生ま
れ育った私の世界は非常に狭いものだった。そんな私が一人旅を鎌倉からスタートしたのを契機に
段々と世界は広がっていき、日本全土を周るほどにまでなった。そこでしか見られない景色、地域色
溢れる食べ物、文化。カメラを片手に駆け巡った日々はこれ以上ない経験であったがそれでも尚、私
はまだ少しも日本というものを見れていないし、知らない。まだまだ行けていない場所も多い未熟な
私ではあるがこの小さいようで大きな日本列島の断片的な一部を、私という一個人の視点を通して皆
さんと共有させていただきたい。

HOKKAIDO

北 海 道

試される大地、北海道。北海道は東北と同じく北日本ではあるが東北地方とは毛色の異なる魅力がある。日本とは思えないような自然、魅力溢れる食事、広大な大地。私が訪れたのはほんの少しの期間ではあったがそれでも計り知れない魅力があった。だがそれと同時に私は北海道という大地に試されることにもなった。札幌から小樽、美瑛などの美しい景色を巡る旅、そして5月という季節に降り注ぐ雪。車を借りて、いざ試される大地へと。

私は北海道を旅していた。ゴールデンウィークの晴れやかな季節を想像していたのだがそこには白銀の
景色が。ここは白金青い池、美瑛で最も美しく有名で、不思議な観光地だ。

右上／車を走らせて見えるは神威岬。一見険しく見えるけどそこまでではないので大丈夫。険しさの前に横風に揺られたことだけは憶えている。あとは積丹ブルーと海鮮の味かな？ 中央／札幌の目玉と言えばいくつかあるが私的にはこのテレビ塔。旅に来てもこの赤さを見ると日頃から見慣れている東京タワーを思い出す。それでもテレビ塔の方がちょっとだけレトロで何だか温かみを感じる。右下／大橋と山の組み合わせ？ とてつもない既視感にお台場が連想されたがここは室蘭。車があって、時間があって、ちょっとした運さえ良ければこんな光景を目撃できるかもしれない。

西東京の自宅から一般道を走ること2時間、現れたのはかの富士山……ではなかった。ここは北海道、羊蹄山。蝦夷富士とも言われる美しい山だ。いやむしろ富士山よりも荒々しく銭湯の壁を見ていると錯覚しそうになるほどの迫力だった。

右上／頭大仏と言われるこちらの大仏様だがラベンダー畑から少し頭を出している可愛らしさがある。でもこんな場所で鎮座していられたら拝まずにはいられない。中央／春の美瑛で想定外の雪。ただ問題はない、北海道のレンタカーは基本冬タイヤ……ではなく残念ながら夏タイヤで見事に立ち往生。それでも今しか見れない景色のために雪の中で歩みを進めると雪化粧で染められた大自然がそこに。あまりの景色に思わず寒さを忘れた。右下／秋かと錯覚し.そうになる室蘭の山々。北海道はいつ来てもいいものだ。次はいつになるかわからないができれば夏にしたい。そして雪で立ち往生した苦い記憶を溶かしてほしい。

TOHOKU

東北

私にとって最も縁遠かったのが東北であった。ほんのつい最近まで東北を訪れる機会がなく何があるのかもよく知らない状態だった。それは今になっても変わっていないのが現状で、宮城と山形、そしてほんの少し福島、そんな具合だ。そしてそれらを訪れたのは汗ばむような夏の季節で、冬の東北というものすらまだ知らない。まだ多くを知らない私が初めて東北の入り口に立ち、宮城、山形と駆け巡ったこの旅の楽しさを少しでも感じてもらえると嬉しく思う。

MIYAGI

宮城

仙台は霧の街だったが人里離れたここ西方寺でも霧に包まれていた。車を運転している最中は泣きそう
になることも少なくなかったが突然目の前に現れたその光景はまるで隠されていたかのような美しさだ。
でももう霧の中を運転はごめんだ。

上ノ人々の願いが思い思いに書き連ねられている七夕の季節。大崎八幡宮では昔からこうした短冊に願いを込めていたそうでいつの世も神頼みしたくなるものだ。下ノおっと今日の仙台は雨。明日は……霧と雨。晴れ間を見ることは叶わなかったことは憶えている。でもそれも仙台らしくていいんじゃないかなとも思う。

車でのらりくらりとやって来たのは蔵王のお釜。国内で想定するレベルを遥かに超えるスケールに感動
すら覚える。霧が濃くて見えないことも多いのであとは自分の運次第だ。私もずっと蔵王のライブカメ
ラを眺めていたが運良く晴れ間が出たのを確認してすぐに飛んで行ったのが良い思い出。

右上／日本三景・松島に来ても旧車を撮りたい欲求と名物を食べたい欲求は消えない。一応名物という
こともあり仙台で牛タンを食べたが……うん、東京でいいかもな。中央／ブラブラと歩いていたら面白
いものを発見。塩竈市杉村惇美術館という昭和中期の公民館を利用した美術品を展示する場所となって
いる。古きを再利用、素晴らしい響きだ。右下／ここは亀井邸。塩竈は非常に美しい街並みで古くから
著名人に好まれた街であったが今ではどこにでもある街並みになってしまった。それでもここにあり続
けるのがこの亀井邸だ。取り壊しの危機を乗り越えて今この場所に存在する。

YAMAGATA

山 形

お寺の渋さと新緑の美しさの二つを欲していた私は瑞宝山本山慈恩寺にやって来た。東北にありがちな
素朴ながらも巨大な建築を見ると山形に来て良かったと思う。

右上／有名じゃなくても自分には刺さるお寺というものは山形では見つかりやすいかもしれない。遠く
に少しだけ見える大きなお寺。これだけでずっと歩き続けた疲れが消えていく。中央／天気が良くない
山形の昼下がり。普段であれば心が沈むところだが梅雨の季節はそんなこともない。雨を滴らせる紫陽
花はどこの街でもなく、この山形の街が一番良く似合う。右下／山形のお寺といえば立石寺。古くから
信仰の地で日本でも有数の名刹だ。ここからちょっとした山登りになり、普通であれば暑くてたまらな
くなるかもしれないが緑に囲まれたこの寺では涼しさすら感じる。

KANTO

関東

私が生まれ育った関東という故郷。関東とは言っても私がずっと過ごしてきたのは神奈川の北側だっ
たため北関東などは私にとって今もなお未開拓の場所であることに変わりない。写真を撮るという意
味では東京以上の都市は日本国内にないため東京に出て行っては撮ることを繰り返していたが、私に
とって東京とはそれ以上の意味を持たない。逆に写真が残っている枚数は少ないものの心の底から好
きで楽しんでいたのが神奈川、特に南側の鎌倉、箱根などの土地であった。カメラを趣味として楽し
んでいてもカメラを置いて本当に楽しんでいたのはどこかということを考えると答えは自ずとわかっ
てくる。そんな個人的な心情が透けて見えるかもしれない。

IBARAKI

茨 城

上／一面ネモフィラで覆い尽くされた場所と言えばひたち海浜公園が有名。普段はそんなに花に興味が
ない私でもつい訪れてしまったぐらいの迫力がある。ただ悲しいことがあるとすればネモフィラと同じ
かそれ以上に人でも覆い尽くされているということだろうか。下／茨城で有名なモノ？ それは牛久大仏
しかない。関東在住の人間は一度くらいは牛久大仏見てみようと思うことがあるはず。真偽は置いてお
き私もそんな人間の一人。

SAITAMA

埼 玉

上／日本有数の古社がここ埼玉にもある。大宮、氷川神社の美しい朱色は何度見ても飽きない魅力がある。たまにはパワースポットにあやかりたい時もある。下／埼玉の神社巡りっていうのは氷川巡りみたくなるものなのかもしれない。川越の氷川神社では多くの願いが形になった絵馬がトンネルのようになっていた。特に願いはないけれどちょっとここの仲間に入れてもらえないだろうかとそんな気分になったのも確かだ。

CHIBA

千葉

お坊さんの大名行列と言うべきか新勝寺の普通の日常。列に加わりたくなってしまうがただ手を合わせ
るだけにしておこう、罰があたるかもしれないから。

右上／これから旅に出る。成田空港から次の場所へ。そんな旅の安心安全を願う時に訪れるのは成田山
新勝寺。海外に行く前は必ずここ。前回も大丈夫だった、次回も頼みます。中央／古い街並みを巡る時
に一番悲しいことは古い建築が点在しているだけで面として存在していないこと。でもこの佐原は生活
感もある生きた街だった。ふらふら歩くのが楽しいそんな雰囲気が沁みる。右下／ただ何の予定もなく
歩いていて遭遇したのは関東三大祭りである佐原の大祭。全く知らなかったのでまさに遭遇といった感
じだったがやっぱり街には祭りがないと始まらない。

TOKYO

東 京

上／スカイツリーという聳え立つ塔を前にしてもその魅力を失うことはない。でもこの東京タワーをど
こから見ようか？ 私はやっぱり隙間から。登ってしまったら見えないから。下／移り変わりが激しい東
京でずっとあると思っていた場所、思い込んでいた場所。今はもうそこにはない築地市場の最後の瞬間。
賑わいと熱を放つ魅力を持った場所はもうそこにはなく記憶の中にだけある。

上／多くの人が行き交い、それぞれの生活がそこに。実は都会が苦手で中々都心に出ない私もたまに撮りたくなってしまう街でもある。下／実際東京はその歴史から現存する大きな神社仏閣や古くからの建築物などはあまり多くない。様々な災難はあれど現代にまで残されているものでいえば湯島聖堂は素晴らしい。孔子を祭るこの場所は鉄筋コンクリートになってもなお、そこにあり続ける。

上／光差し込む東京はまた一つ違った表情。下を向いていてはいけないとはいうが光を追って下を見れ
ばそれは希望になるのかも。下／東京では色々な光景が見られる。そう、例えば巨大なウサギが地下鉄
に埋まっているところとか。そんな冗談みたいな上野での一場面。

右上／ごちゃごちゃした喧騒の中、心を落ち着かせることができる場所は緑豊かな場所だけではない。
私が理由もなく途轍もなく好きなのがお台場という場所。買い物をする所という以上の幼少の頃の思い
出が詰まっているような気がする。昔は見るだけだったレインボーブリッジはもう自分の車で渡る年に
なった。中央／東京と言われると私の頭の中には下町がまず思い浮かぶ。下町と言えば寅さん、寅さん
と言えば柴又帝釈天。まだ残る本当の東京を探しに行こう。右下／東京と一言で言えるがその範囲は意
外と広い。そうこの奥多摩も東京。でもこの奥多摩はオアシスとも言える美しい川と緑で夏になると何
度も訪れてしまう。お茶でも飲みながら、どうです。

IZUOSHIMA

伊 豆 大 島

沖縄の自然と北海道の雰囲気を混ぜたような景色。それがこのサンセットパームラインだ。落ちていく
夕日を眺めていたらここがどこだか忘れてしまった。ああ、旅ってこんな感じだよな。久々に思い出し
た気がする。

右上・中央／海、山、温泉。そして……たこ焼き、アンドかき氷。その全てを楽しむことができるのがこの伊豆大島だと思う。暑い伊豆大島で熱いたい焼き、それが逆に合う。そんなたい焼きが楽しめるお店こそが「島京梵天」。行けばわかるはずだ。右下／同じ東京、でも少し違う東京。それがこの伊豆大島という離島だが都心からフェリーでアクセスできるということ以上の魅力がある。私は友人と二人で旅して、大島温泉ホテルから三原山を眺めていた。勿論露天風呂から。

KANAGAWA

神奈川

上／時が止まっているかのようなその空間。神奈川の北側出身の私は南側の港町を散策することが多い。海鮮を食べてまた次の街へ。下／初日の出は神奈川で見ることが多い。特に箱根など富士山も見える場所からというポジションで。一年の始まりは神奈川から。

上／横浜は赤レンガのイメージが強いが私的には洋館という印象が強い。少し高い丘の上に点在する色とりどりの洋館を巡ればまた一つ横浜のイメージが変わっていくかも。下／神奈川県民の海と言えば鎌倉や江の島周辺。水の綺麗さで言えば下から数えてしまうレベルではあるがいつまで経ってもこの雰囲気も相まって心の故郷であり続けるのだ。

HOKURIKU

北 陸

北陸と言えば金沢の印象が強いかもしれないがそれだけではない。昔からの街並みが数多く残る北陸では非常に渋く、趣深い神社仏閣が数多くある。最初は金沢に日本一美味しいと名高い海鮮物を食べに行っただけであったがそのうち福井、富山など巡るうちに完全に魅了されてしまった。日本海側の厳しい気候は観光客の私にも容赦なく降り注ぐがそれはとびきりの風景という形で私に恩恵を与えてくれる。いつかの夏、食と旅と、全てがバランスよく調和されたこの北陸という場所を、私は逃避行という形で訪れていた。当時勤めていた会社が嫌になり荒んだ私の心に北陸の夏が沁みていった。始まりの北陸は逃避行。再びの北陸は美術館巡り、ご存じ20世紀美術館のあの椅子を求めた旅。そんな前向きと後ろ向きな気持ちがいびつに交じり合った私の北陸旅。

TOYAMA

富山

少し駅から離れた少し高台の街、そこに越中八尾がある。昔ながらの街と坂と言えばよく聞くワードで
はあるがこの街では陳腐なことにはならない。

右上／渋いものが好きな私には富山という場所は合っていたのかもしれない。バスに揺られて少し遅く
やって来たのは城端。お寺と渋い民家は最高という以上に語れることもなし。中央／日本三大大仏とい
うものの一つが高岡にある。奈良と鎌倉の大仏に並ぶ大仏なのか……と心躍っていたが、あれ？ 小
さいな？ どうやら第三の大仏については諸説あるらしくこの高岡大仏も候補の一つなのだ。大丈夫、
人間も大仏も見かけの大きさだけが全てではない。右下／富山って何があるのかってあまり知らなかっ
たりする。現に訪れたことがある私でもこれと名前を挙げるのは難しかったりする。寒ブリという答え
はアウトだしと。特に富山市内はどこある？ と言われると……美しい図書館がある。その答えじゃダ
メだろうか？

ISHIKAWA

石 川

左／現在と過去が融合した街、そんな形容にふさわしいのが金沢という印象だ。ただのお庭であっても
この通り。秋に楽しむ金沢の紅葉は今まで幾度となく見てきた京都とはまた違う、趣ある風景だ。右／
金沢といえば古い街並みが残るお茶屋街がいくつもある。といってもそれはただの一側面。都会のジャ
ングルにあるオアシスみたいなものだ。

上／街の面白いところは至る所にある。古都であることに目を奪われがちな金沢でもそれは同じ。背中に印を押されたなんて場面も見ることができるかも。下／金沢駅は鼓門を見に来る場所というイメージだがそれはいつも変わらない。ただし駅なので人の往来も凄い量だ。そんな中見ていると何か思うところも出てくるかもしれない。

FUKUI

福 井

上／巨万の富を築いた一人の人物によって昭和後期に建立された清大寺。この大きさ、迫力はとても写真じゃ伝えきれない。もし自分に有り余るお金があったらどんなお寺にするだろう……そんなことばかり考えていた。下／その先には何が見えるんだろう。緑豊かなこの勝山で見えるものといったら……山？ 今になっても気になっている。後悔する前に気になったものは覗いてみるべきだ。

上／福井は色々行ったのだけれど一番気に入ったのが勝山。福井と勝山って聞けば恐竜以外出て来ない
くらい有名ではあるが私は名も知らない立派な建築が多いから好きだったりする。人の好みは人それぞ
れだ。下／本当に神聖な空気感がある神社仏閣は多くない。ただこの白山神社は間違いない。神社とは
言っているがその実態はお寺のようで過去には神仏習合の流れを汲んでいたが、明治の廃仏毀釈の煽り
を受けてなのか神社へと変わった。日本を歩けばそうした歴史を持つ神社仏閣に多く出会うものだ。

CHUBU

中部

関東在住の私にとって中部地方とは心のオアシスでもあった。何か嫌なことがあれば車ですぐに山梨や長野の自然豊かな大自然に飛び出すことができる。山梨では富士五湖を中心とした大自然、長野では渋い重伝建の街並み……関東では味わうことのできない本当の日本がここにあるのではないかと山中の街並みを歩いていていつも感じる。関東から関西までの通り道ではない、変わることのない風景をご覧に入れたい。

YAMANASHI

山梨

富士山は西東京に現在住んでいる私のオアシス。日本のシンボルとも言える山だがどこから見てもその
美しさは変わらない。ただし、見えればの話。私は富士山に嫌われているのかそれともシャイなだけな
のか、その姿さえ見れないことばかり。

右上／雲海という名の通りまるで荒波のような光景がそこにはある。富士山に登らずとも周辺まで行けばこんな風景を見ることはできるが、やっぱり富士山がないと物足らない。中央／山梨と言えば葡萄、葡萄発祥の地と言えば大善寺だ。古来から葡萄というものはあるが大善寺が創建された当時の葡萄は今広く食べられているタイプとは違い、山葡萄だったんだろうと思う。そんなことは忘れて、山梨の葡萄を食べられる喜びに浸ることにしよう。右下／四季を通してその大自然を楽しむことができるので暇さえあれば山梨へ赴くのがルーティンと化している。コテージを借りてゆっくりしながらワインを楽しみ、少し車を走らせて見晴らしの良い温泉にも、なんてそんな理想の生活。

NAGANO

長野

上／全国どこにいたって雲海は見たい。長野で雲海見るなら竜王マウンテンパークが多い。見れるか否かはその時の運次第だがどうやら私の運は良いみたいだ。下／旅館に泊まり外を見ると少し雨が。伝統的な街を歩く時は勿論こちらも宿から借りる伝統的な傘で。浴衣姿になることも忘れずに。

上／長野には美しい重伝建は多くあるが奈良井宿はその中でも特に美しい。特に好きな所と言えば……
言わなくてもわかるこの生活感かな。下／有名すぎるほど有名な観光地、上高地は何度も来ているのに
何でまた来てしまうのかといつも思っている。この自然の深さこそが長野だと言われているかのような
光景に飽きはこないからなのかもしれない。

GIFU

岐 阜

民家だったりお土産だったりカフェだったり。ここは何だろうって気楽さで楽しめてしまう。そんな私
が好きなのは川に足をつけて茅葺屋根を遠くから見る事だったりする。

右上／伝統的な街並みには人力車がよく似合う。浴衣を着て街並みを落ち着いてよく見るにはおススメ
だとは思う。まぁ乗ったことはないが。中央／岐阜の世界遺産、誰もが知る白川郷。四季を通して色鮮
やかな変化を見せてくれるので観光客は後を絶たない。でも日帰りじゃなくて泊まるのが一番趣あるの
はあまり知られていない。右下／岐阜の夏は美しいがとにかく暑い、暑すぎる。そんな時は風通しの良
い古民家のカフェが最適。死んでしまう前に暖簾をくぐろう。

愛知

日本三大稲荷の一つ、豊川稲荷。稲荷=神社だと思っていた愚か者がここに一人いたようだ。
数え切れないほどの稲荷がコンコンこんにちは。

右上／日本でも有数の美しい伝統的な通りを持つ有松。雨が降って静かな雰囲気の中、歩を進める。中
央／名古屋駅からそう遠くない大須商店街。名古屋は観光する場所がないと言われがちだがないことは
ない。写真撮りとしては少なくないが観光客としては……これ以上は控えよう。右下／何かしらの勝負
の前は熱田神宮。信長が桶狭間前に参拝したことから願掛けとして名高いが私の場合は上手くいかなか
った、それだけだ。

MIE

三 重

上／地元のおばあさんに聞いたのが「こんな坂の街で暮らすのは大変ではないですか」という話。おばあさんは笑いながら「坂の上の人を好きになってしまったから仕方ない」と語る。なんですかそれ、素敵じゃないですか。下／三重といえば伊勢となりがちだが個人的には尾鷲や九鬼などの昔ながらの港町が最高に好きだったりする。リアス式海岸に囲まれたこの屋根瓦の街並み。本当の三重はここにある気がする。

左／三重随一の渋い街並みといえば兎にも角にも関宿。交通の要所として栄えたこの街は今もなお当時の美しい街並みが残る、まさしく一級品だ。右上・中央／人は手からエネルギーを取りがち。伊勢神宮ともなるともう何にでも手から吸収しようと植物の根のように食らいついていく光景をよく目にする。勿論例に漏れず、私も。右下／実は三重へは地域協力隊の見学で来た。どこも過疎化などに苦しんでいて都会で苦しんでいた私もそれに引き寄せられていた。色々なことはあったけれど行って良かったと思えた街だ。

COLUMN 1　　旅で見つけた一コマ

日本には古来より八百万の神という言葉がある通り、何でもないものにも神が宿るという。実際はさておき、そうした何気ないものにも何かの意味を感じてしまうのが写真撮りなのかもしれない。道端にあったもの、海辺にいた動物、ガラス越しにあったもの。どういうものなのかわかるものから何なのかわからないものまで、多種多様なものがこの日本には溢れている。でも実際にそれが何なのかを知る必要はないのかもしれない。素敵だと感じたその事実だけが写真には残っているのだから。

KANSAI

関西

私の旅は関西で始まり関西で終わる。人生で初めての関西は京都、初めての遠方一人旅は奈良、逃避行したのは滋賀。初めて行った頃の感動が色褪せないまま今日まで何度も繰り返し旅をしている。秋になる度に京都に繰り出していた私だが今となっては和歌山や兵庫に行くことも多くなった。古くから残る歴史はやはり私が暮らす関東とは比べ物にならないし神社仏閣の規模も違う。勿論、関東にも良いものはあるのだが心が今と違う環境、空気感を求める……こうして考えてみるとやはり私にとって関西とは別世界という認識のようだ。季節が巡る度に旅に出たくなる。そうだ、関西へ行こう。

SHIGA

滋賀

早朝の彦根城は寒さのあまりか外堀の水面から霧が出ていた。寒さを誤魔化しながらも見えたのが国宝、現存天守。この世から既に消え去っていてもおかしくない天守が何の因果かこうしてまだこの世にいてくれている。

右上／滋賀は縦に長い。上と下じゃ別世界の県だが、下側にある大津は歴史深く面白い神社仏閣も多い。滋賀で指折りの名所、石山寺は国宝の本堂や日本最古の多宝塔など行かない理由が見当たらない。中央／もう何度見ただろう。この一直線に伸びる道から見える大通寺の迫力を。長浜は三度ほど訪れたことがあるのだがその度につい来てしまう私の聖地だ。右下／変わった鳥居というだけでどうして魅力的に見えるのだろう。滋賀県はここ日吉大社の鳥居以外にも琵琶湖に浮かぶ白鬚神社など良い鳥居が揃っている。もしかしたらポテンシャルは京都以上かも。

KYOTO

京都

上／京都はこんなに素晴らしい街なのだから下からだけじゃ勿体ない。特に紅葉の季節ならば飛行機から京都の町を見るのが一番だ。どんなに混んでいる秋の京都でも上からならどこでも見て回れる。お値段はお財布に優しくないが清水の舞台から飛び降りる気持ちでトライしてみるのもまた一興でしょう。下／偶然というものは重なるもの。嵐山で虹を見ていたらそこにお坊さんの集団がアクセントを添えてくれるという今までにない風景が目の前に出来上がった。それはたった数秒の出来事。

右／屋根瓦の建築物は京都に数あれど六角堂以上のものはない。元々開けた場所に建てられたこの六角堂も今では周りをビルに囲まれた異世界と化している。でもこんな美しいものが上から見えるんだから儲けものだ。

上／京都と竹林はイコールで繋がっているのかもしれない。昔は清水周辺が竹林として有名だったようだがそれも今では嵐山だ。10年後には新しい竹林の名所が出来ているのかもと少しワクワクしている。下／手を清める手水桶の風景が好きだ。神社仏閣を梯子して手がふやけていてもここだけは外せない。手と心を清め、さぁ入場。

右上／荘厳な建築物が点在しているな、と歩いていた時は感じていた仁和寺。しかし上から見るとここまでまとまりがあって美しかったのかと嬉しくなる。中央／これ以上に混む神社仏閣があるのかと思ってしまう伏見稲荷大社。狐が紛れていても全くわからなそうだ。静かな千本鳥居を見るために私はいつも目をこすりながら早朝に訪れる。右下／大徳寺真珠庵にて。大きな寺院では入れる場所から入れない場所まで様々。入れるものが多すぎてどこに行ったのだかわからなくなる時もある。その時は悔やんでまた来ればいいさと次の口実にしている。

OSAKA

大阪

見上げれば、提灯。食い倒れの街大阪を表したかのような裏天満。全然お酒飲めないんだけどなーと思いつつ歩いていると何故か呑みたくなってきた。

右上／関東の人間からすると大阪の駅事情は正直よくわからない。難波？ 大阪駅？ 梅田駅？ 歩くの？ 毎回憶えても毎回忘れてしまうのだ。よくわからなかったということだけは憶えている。中央／どこを歩いても食事と人の輪を見かける。もしかしたら友人なのかもしれないしただ隣になっただけの人なのかもしれない。では失礼して暖簾の中へ。右下／大阪の街を上から見ると切り取り方によっていくつもの世界が生まれるのが面白い。何かあるかなーと見ていたら光と共に待っていたかのような黄色いタクシー。

数は正義だ。そう言わんばかりの達磨が犇めくここ勝尾寺。同じに見えてみんな微妙に表情や大きさが
違う。自分はどれが好きだろう、そう思いながら達磨を見るのも良いかもしれない。

右上／大都会、大阪。とはいえ心休まる場所も多いのがお洒落なところ。都会にも昔ながらの古民家を
利用した場所があるのはありがたいことだ。中央／大阪の顔、新世界。何だかディープというか何故か
わからないが生まれ故郷川崎の雰囲気と似たものを感じていた。いやでも最高に大阪らしい場所だ。右下／
過去に多くのものが失われても大阪の街には大きな神社仏閣が沢山。適当に歩いていても出会ってしま
うほど多くあるのが歴史ある街大阪という印象だ。この大阪天満宮も街の人々から愛されているようだ。

HYOGO

兵庫

上／日本には様々な城があるけれど日本一美しい城と聞かれればおそらく姫路城の名が挙がるだろう。私も日本一を知らない人間の一人ではあったが行った今であればその理由もわかりすぎている。地元の人にとっては日常なのだろう、まるで無いもののように通り過ぎていく様は私にとって非日常だった。下／お坊さんの通勤ってどうなっているのだろうか。車だったりチャリンコだったり？ はたまたこういったカブだったりするかもしれない。いや通勤じゃなくて建物間の移動だけの用途かも。どちらにしろお坊さんがカブに跨っている姿はかっこいいものだ。

上ノ車の中でまだ暗い中目を覚ました。重い腰を上げて階段を駆け上がるがそれも全ては竹田城跡を見るため。雲海と城跡の組み合わせで知られる竹田城だが運が良ければ日本でも有数の風景が見られるはず。私の場合は見ての通りだ。下ノどうしてだろう、この風景を昔見てきたような……ああ、そうだ。ラストサムライだ。書寫山圓教寺はこの壮大さから色々な物語の舞台となるそう。ここまでの寺はそうない、写真では伝えきれないものがある。

NARA

奈良

上／海外で凄いものを見ると何か特別な驚きを感じるが日本で感じることができたのがここ天理。日本有数の宗教都市なのだがおそらくこの驚きは異文化に触れたからこそ感じるものだった。それぐらいの衝撃があるので、是非一度。下／そして吉野よりさらに南、奈良県民ですらそこに何があるのかわからないと言われるほどの秘境、十津川村へ。どれだけの山を越えたのか自分でもわからなくなったところに現れた名勝、瀞峡。お茶でもしながら絶景を眺めるこの時間がただただ至高だった。

上／奈良の南は吉野までと世間一般では言われているらしい。吉野は奈良の真ん中あたりにあるのだが本当の南は秘境すぎてそのような認識になっているようだ。しかし吉野もかなりの秘境感はある。とはいえ奈良の中でも随一の歴史深い場所でもある。歴史に想いを馳せて歩こう。下／一つだけでも立派なものが密集していたとしたら？ それは最上と言う他ないとしか言いようがない。そんな建築物フェチの心を満たしてくれるのは生駒山、寶山寺。周りを見渡さなくてもいいのだ、ただじっと前を見つめて。

WAKAYAMA

和 歌 山

和歌山と言われて思い浮かぶのが高野山と、那智の滝。私が写真撮りだからかどこを見ていても那智の滝の写真を目にする。おもわず血が騒いで車を走らせたがあまりの遠さに眩暈がした。だがしかし、この迫力はまるで日光のようで心が洗われる。あぁ……滝、そして仏塔は良い、とても良い。

霧に包まれた山の中を走る。ここは仏教の聖地、高野山。まさかここまでの街が形成されているとは知らず思わず驚愕。仏教の聖地とは一泊二日でどうこうなるものではないのだ。自分の未熟さに涙と雨が降る。

CHUGOKU
中国

中国地方を旅する、と簡単に言ってみるが中国地方は大きい枠組みとして山陰と山陽の二つに分かれる。日本海側の寒さを感じる山陰と温暖な瀬戸内海気候の山陽と、大雑把なイメージではあるがそう考えていた。確かに今もそう感じてはいるのだがそのどちらにも魅力があり、山陰は赤瓦の街並みと派手ではないが古来より続く荘厳な神社仏閣、山陽は光り輝く瀬戸内海の海と広島を始めとする語り切れない街という全く異なる側面を持つ。山陰と山陽、そのどちらも旅しなくては中国地方を訪れたとは到底言えないだろうと思った私は過去二度ほど周遊していた。一度目は列車で、二度目は車で。どちらも山を越える縦の移動に悩まされたのは同じだったがこの山の存在が風土と文化を分けたのだろうと思うと感慨深い。山陰と山陽。どの地方よりも日本らしいと感じる空気がここにはあるはずだ。

TOTTORI

鳥取

上／田んぼの中にもっこり。ただこれだけなのに感じる神聖さ。この小原神社は巷ではトトロだかなんだか言われているそうだが今日が雨だったなら確かに傘を差した生き物が見えていたことは間違いない。下／山陰の旅は横移動が基本。山越えとなる縦移動は非常に困難なのだ。赤く彩られた電車に乗り今日も行く。

右上／みんながしょぼいと言っていたからそんなに期待していなかった鳥取砂丘だったが凄いじゃないか。こんなに広々とした砂丘を日本のどこでも見ることはできないだろう。靴を脱いで駆け出したくなる。中央／鳥取にはなんと日本三大投入堂の内の二つがある。一つは三徳山三佛寺にある国宝。しかしアクセスが険しく難易度が高い。そんな方にはこちらの不動院岩屋堂。アクセスの難しさは美しさに影響はしないから安心してほしい。右下／最近になって重伝建に指定された若桜町、蔵通り。蔵が続く通りは文化のトンネルを歩いているようだ。こんなに素晴らしい街並みがまだ隠れているなんて。蔵に入れておくには勿体ない。

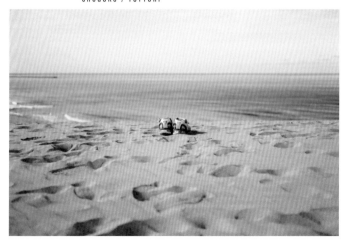

SHIMANE

島根

左／温泉街に求めるものはただ一つ、趣だ。昔ながらの雰囲気があって浴衣を着て歩きたくなるような街。そんな私の気持ちに応えてくれるのはここ、温泉津温泉。次は勿論昼から。右／日本家屋っていいな、特に吹き抜けになっているものは。登録有形文化財にもなっている美保館の吹き抜けは島根一の吹き抜け？

右上／島根に日本一と評される庭園があることは多くの人が知っていることだろう。この足立美術館の庭園はどこから見ても美しく、調和された姿を見せてくれる。本当に素晴らしいのかと様々な庭園を見てきた私からしても……素晴らしい。それしか言えない。中央／山陰地方と言えばこの赤瓦の街並み。車で旅をしていてもつい整った街並みを見かけては眺めてしまう。こういうのを原風景と言うのかも。右下／昔から変わらない街並みを巡るということが私の旅の楽しみだった。それは観光地ではなくあまり人が来ない場所でも。島根の海沿いを走れば絶対そのような街並みを見ることができる。さあ、あのトンネルの先に何があるのか。

OKAYAMA

岡 山

岡山随一の街並み、倉敷。色々な重伝建を見てきたがここまで広い範囲で建築物が保護された街並みは
見たことがない。今ではデニムなどが有名になっているようだがまずは舟に揺られて観光してみるのも
良いかもしれない。

右上／庶民のために開かれた学校として国宝に指定されている、旧閑谷学校。勉強が嫌いな子でも好き
になってしまうかも、こんな場所なら。中央／ここはお寺、時間はお昼。建物の中は晴天のお昼とは思
えない静寂さと暗さで包まれていた。少ない明りを見つけながら見上げてみるとそこには色んな景色。
右下／赤い瓦屋根の街並みが続く、吹屋ふるさと村。車中泊した時のイノシシの叫び声には肝を冷やし
たものだが「いのししジビエあります」の張り紙を見て少し安心した。今日は日本酒とジビエかな。

HIROSHIMA

広 島

宮島の良い楽しみ方は朝早起きをすることだ。厳島神社は朝早くから門戸が開かれているので朝日を感じながらまだ人気の少ない島を心から楽しむことができる。そこはあなたと鹿だけの世界、奈良にも通ずる楽しみ方だ。

右上／広島は至る所に良い場所があり足が追い付かない。ここ竹原の街も面として古い街並みが残っている美しい場所だ。特に何かがあるわけではないが街を歩いて庭園を見るだけでも私は満足だ。中央／母を想い、建立された耕三寺の敷地内にあるもっとも古い建築物、潮聲閣。豪華絢爛なその造りは上を見上げても変わらない。ここに住んだら首が痛くなりそうだとありもしないことを考える場所としておススメだ。右下／坂の町尾道ではロープウェーも観光の一つ。何度も来ていたが坂の途中に魅力的な場所が多い尾道ではあまり乗る機会がなく、幾度も坂を上り下りしていたが一度だけ乗ってみることにした。……これは楽だ。

崖に建つその異形のお寺は磐台寺観音堂であり、阿伏兎観音とも呼ばれている。国の重要文化財にも指定されているそのお堂は何故そんな場所に？　と問いたくなってくる。しかし瀬戸内海の美しさとこんなに合うのはここぐらいだろう。

右上／尾道は昔と比べて最近は色々なお店が多くできているようだと地元の人から聞いた。私から見ても尾道に来るたびに新しいお店が増えているなとヒシヒシ感じる。坂の途中に隠れ家的に小さなパン屋さんを見つけ、これ以上ないくらいの好奇心に精神が擦り切れた。ここはネコノテパン工場、尾道の神秘だ。左下／尾道の電車には他の街よりもドラマを感じてしまう。もう街並みと完全に一体となっているようにも感じられ、電車を求めて尾道に行く気持ちもある。黄色の電車だけではなくたまにこういったレアな車両もある、それもまた面白い。右下／どこの街でも変わらない光景。でも胸を締め付ける何かがある。旅の途中なのにこれから旅をする未来ではなく過去に訴えかける時間。絶景というものは自然だけではないのかもしれない。

YAMAGUCHI

山口

山口県には一度で二度美味しい場所がある。下は秋芳洞、上は秋吉台という自然の全てを味わえる場所
だ。秋芳洞で洞窟の神秘を知り秋吉台で爽やかな緑に揺られる、山口の自然がここにある。

左上／萩の街は昔と比べても区画などがあまり変わっておらず古地図を見ても歩けると現地の人は嬉しそうに語る。今も変わらない古い街並みが残り、禅が生きるその美しさを今に伝えていた。右上／国宝の瑠璃光寺五重塔は一度は見ておきたかった仏塔だった。無料開放されている公園内にあるので多分普通より変わっている運用形態だとは思うが庶民に優しい。そして瓦じゃなくて茅葺屋根だからどこか優しくも古めかしい。左下／ただの橋、されど一大観光地、角島大橋。この伸びていく道路、透き通る海と空。もう溢れんばかりの青春感が人を魅了するのかわからないけどつい気持ちよくなってしまった。右下／その異様な光景に思わず神秘性を感じた。ここは萩、東光寺。中国地方の覇者、毛利家の菩提寺であり鳥居が5つも並ぶこの風景に思わず立ちつくしてしまった。

SHIKOKU

四 国

書いて名の通り、四国。四つの県から構成される四国は中国地方と同様に地理的に上部か、下部かによって大きく風土が異なる。上は瀬戸内海、下は太平洋。ただそれだけなのにまるで別の地方のようだ。私にとっての瀬戸内海旅とは数ある島々を旅するということと同じであり瀬戸内海の風を一身に受けながら巡った青く輝く記憶だけが残っている。だが四国の中はただ秘境、ただただ秘境。急斜面に民家が立ち並ぶ異様な風景や壮大な清流を知る旅だった。食事の美味しさも特筆するべきものがあり、海と山の恵みに感謝してしまうはずだ。結局のところ、日本中を旅した人が行き着くのが四国なのかもしれない。

TOKUSHIMA

徳島

左上／オオボケの私が大歩危に来た。その名前の通り歩くのは危険極まりなさそうな場所だ。でも歩かない、するのは川下り。これだよこれ、徳島に求めてる体験はこれだ。右上／傘だけでも素敵なのにそれが赤かったらもう何も言うことなくなる。例えそれがわざわざ置かれたものだとしても旅人を楽しませようとするその心遣いだけでいいのです。左下／うだつの町並みがここ徳島にある。火事の延焼を防ぐこの壁のようなうだつ一個だけで家が一軒建つほどと聞いたけれど何度考えてもどこにそんな費用がかかっているのかわからない。右下／秘境の中にあるとてつもない橋、かずら橋。切れてしまうのではないかと思うほど自然感あふれる造りだ。だがこのせせらぎと自然の中、夏の暑さをものともしない冷たすぎる川水に夏を感じる。

EHIME

愛媛

左上／どこがお城だろうか、あっあそこか。今治城を上から見ると思った以上に埋もれていて悲しい面もあれば何だか馴染んでいるような気もして何とも言えない気持ちであった。右上／城は堀だと言われるように天守そのものが立派な所が中々ない。今治城も堀は大層立派だか本丸はこじんまり。いやでもこれがむしろ可愛いのだ。左下／今治と言われると場所はよくわからなくても誰もがその名前を知っている。そう、タオルの名産地だから。今治の歴史は紡がれる糸のようなものだということだろうか。右下／地元の人が使う小さな銭湯の雰囲気は侘しさも含めて癖になる。首にタオルを巻いて黄色い桶を持っていけばそれでもう正装だ。

KAGAWA

香川

左上／満ち引きでその道が現れたり消えたりするエンジェルロード。どうして人はそういう幻想的なものに惹かれるのかまだ私にはわからない。右上／海沿いにある昔の学校はどこも似た雰囲気があるのかもしれない。木のぬくもりあふれるこの教室に昔日の面影を感じる。左下／今日もレトロなバスが走る小豆島。映画のロケ地になるほど何だか哀愁漂う雰囲気がたまらない。海沿いをこんなバスに揺られるなんてもうそれだけで満足できてしまった。右下／小豆島は海というイメージが強すぎるが大半は山のため、美しい田園風景も勿論ある。中山千枚田の付近はなんか秘境の地へ来てしまった感があるがそういうのが好きなのだ。

左上／あまり美術館で心の底から満足することってないのだけれど豊島美術館は心から豊かさを感じた。日が差し込んでただ音だけがそこにある白の美しさ。展示室では写真は撮れないが、それより大切なモノが心に残るかも。ショップもまた美しい。右上／芸術の島、直島では美術品だけではなくそこら中で美を見つけられる。この鳥居と緑に美を見出したのは私、これも直島のおかげ？ 左下／色々な島を巡って初めてカーブミラーの美しさを理解できた気がする。人間もカーブミラーも多種多様。このカーブミラーはミラー界のミスグランプリ。右下／直島と言えば草間彌生、草間彌生と言えばかぼちゃ。直島の代表とも言える黄色のかぼちゃは台風によって流され、残った足場がその被害を物語っていた。また来るその日まで、私はこの赤いかぼちゃで我慢することにしよう。

KYUSHU

九 州

七つしか県はないけれど、九州。私が初めて九州を訪れたのは大学生の時のこと。父方の実家が福岡にあったので行こう、行こうと言っているうちに時は流れ、祖父が亡くなって初めて九州を訪れることとなった。この場所で父は育ったのかと思う気持ちもあれば、まともに話さずに別れることとなった祖父への悲しみもあった。それからというもの度々九州を訪れては福岡以外にも足を伸ばして魅了されることとなった。圧倒的な大自然も勿論なのだが血がそうさせるのか、とにかく食が自分に合っていた。自分探しの旅なんてものは信じない私ではあったが、自分を知る良い機会かもしれない。自分のために車を走らせるのだ。

FUKUOKA

福 岡

おぐらじゃなくてこくら。小倉城の前でそんな間違いをしたら打ち首ものだが私はそれを知らないままここへやって来た。城の全容を見るだけがお城の全てではない。水面に映る小倉城もまた立派な城なのだ。

左上／父方の実家は妙な静けさに満ちていた。ただそこにはクリーニング用品の数々が存在するだけ。この日は祖父の葬式の日だったから。右上／祖父母宅のすぐ目の前に見えるのは旧志免鉱業所竪坑櫓。昔はどうやら中に入って遊んでいる人も多くいたそうだ。物々しい雰囲気はあるけれどみんなの思い出の場所であることは間違いない。勿論、私の父にとっても。中央左／筑豊の炭鉱王こと伊藤伝右衛門のお屋敷。門構えも良い、庭も良い、内装も良い、完璧である。他に類を見ないレベルに渋い邸宅であり、あまりの良さに「ただいま」と、ここを実家認定してしまいたくなるほどだ。中央右／レトロな街の、レトロな電車。門司港は異国情緒をくすぐるような、はたまた大正ロマン香るようなそんな場所。電車の始発点にして終着点。レトロでは片付かないワクワクがここにはある。左下／一直線に続く道に、射す光。ここは宮地嶽神社。季節によっては太陽が道に重なるように光射す道となる。私の知る宮地嶽神社は斜陽のみであるがそれもまた私らしい。

SAGA

佐賀

ちょっと時期外れ、そんな時に訪れた御船山楽園だったがやはり名所はいつ来ても良いものだった。武雄温泉周辺の観光で若干疲れ気味だった私でも足を進んでしまうような日本でも有数の庭園だ。

上／佐賀で一番行ってみたかった神社が祐徳稲荷神社だった。舞台造りの本殿から眺める風景以上にそ
こで働く巫女さんの日常が神社をより美しくしていた。下／九州はどこを旅しても温泉が目に付く。そ
の中でも武雄温泉は一際目立つ存在だった。私はそんな入るだけではない、見る温泉に魅入られて夜の
街を徘徊していた。

唐津城と桜の組み合わせ、そして上を眺めて楽しむ人たち。旅に出なかったら見れなかった風景だと思うと来て良かったなと何度も思った。

右上／桜は撮るものじゃなくて見るもの。なんて自分では考えていたけれどこんな美しい桜を目の前にするとやっぱり撮ってしまう。中央・右下／焼き物と言えば有田。特に陶器が好きな私は上有田や大川内山の街を陶器を漁りたい一心で徘徊していた。この陶器に何の植物を植えようか……私の意識は完全に写真から陶器に移っていた。

NAGASAKI

長崎

左上／路面電車のある街並み、これ以上のものはありません。日本で路面電車は数えられるぐらいしか
ないけれどその中でも長崎の路面電車はレトロかつ美しい。乗るも良し、撮るも良し、見るも良し。路
面電車に一日を使っても悔いはない。右上／長崎の良くて悪いところは細い路地が多くあるところ。車
で行くと泣くことになるが歩いて散策すると笑うことになる。ただの道が鳥居だったら、何か違う日常
が待っていそうだ。左下／長崎は中国文化との繋がりが強く、中華式のお寺も多い。上から街を眺めて
みると現代と過去が交差するこの風景こそ長崎らしい。右下／遠くからも見える浦上教会。この教会は
最も原爆の影響を受けた教会でもある。しかし今はそんな片鱗も感じられない。

左／長崎といっても長崎市と平戸市など場所によって様々に異なる。教会も多種多様で私は田平天主堂の渋さが一番好きだった。周りの喧騒はなく、ただ静けさだけがある風景が旅をする私の心を静めてくれた気がした。右／長崎はその歴史から古くからある洋館などが多い。私が日常的に触れてきた横浜に似た雰囲気もあるし大きく違うなと思う部分もある。違うけどどっちも良いのだ。

KUMAMOTO

熊本

早朝、大観峰に向かう車の中で見たこともないような真っ赤に染まる空を見ていた。空に血管があるか
のように移り行くその様子を見ながら早く行かなければと車を走らせた。

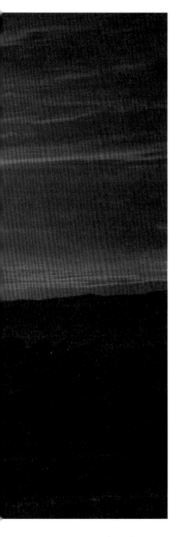

右上・中央／火山が多い熊本はその分だけ温泉地も豊富。隣接している大分に行かなくても楽しめる温泉は多い。ちょっと座って温泉卵を食べる。少し硫黄くさいけれどそれだけ記憶に匂いがつく。右下／現れたり、消えたり。気分屋のような天邪鬼のようなそんな風景に人は幻想を感じてしまうのかもしれない。長部田海床路は満ち引きという現象と電柱、日本人の心を掴む二つが重なった場所。千葉にも似た風景はあるのだが……似てはいても違う、これは間違いなく熊本だけの風景だ。ただし私が行った時はタイミング悪く潮が引いている時期でただ一人ずっと暮れていく海を眺めていた。潮が満ちれば私の心も満ちていたのだろうか。

山の中、続く道、並ぶ灯籠……もうこれだけで素敵な響きだ。その神秘的なオーラを放つ上色見熊野座神社は最早定番どころとなってしまっているのかもしれない。それでも朝早くに来て一人歩く、それだけで十分だ。

右上／馬刺し、高菜飯、たこ焼き。最後のはもしかしたら違うかもしれないがたこ焼きを食べながら阿蘇の草原を眺めるのもまたいいかもしれない。草千里はどの季節に来ても美しいから大丈夫だ。中央／多くの人が集まってきた阿蘇の大地。遙か彼方には雲の隙間から光が漏れ出して地上に降り注いでいる。熊本に来たら阿蘇に行けとはよく言われていたがこれほどとは……完全に日が昇るまでずっと遠くを眺めていた。下／お店に置かれている土産、空いたラムネ。何だかそういう街の何気ないところに哀愁を感じる。滲み出る生活感に目の前にある名所よりも私の視点は下へ下へ。

OITA

大分

大分で最も美しい海岸、それは真玉海岸なのかもしれない。その独特な干潟に映し出される風景は人々の心を捕まえて離さない。次来るのは夕日の時刻だと、そう信じたい。

右上／基本的には大分の古い部分を楽しむ私だが、美術館などの要素も楽しめるのが良いところ。古い街も温泉も美術館もある。これ以上何を楽しめばいいのだろうか。中央／私の中で温泉と言えば箱根だが、別府の温泉は最早楽しみ方のカテゴリが違う気がする。地獄巡りはもう一種のエンターテインメントで入るお湯とは違う楽しみ方ができるのが全国でも唯一無二の印象だ。右下／これ以上の坂は存在しないかも、そんな古い街である杵築。晴れていても雨が降っていても趣があるこの街は臼杵と合わせてよく私が訪れる街だ。

左／大分で多分一番好きな場所、臼杵。いや全国の中でも上位に入るくらいには好きかもしれない。屋根瓦が連なるこの通りだけでも国宝級だ。右／令和の時代に平成生まれの人間が嗅いだこともない昭和の匂いにどこか懐かしさを感じていた。ここは豊後高田、昭和の街。昔はどこにでもあった街並みが今やトレードマーク。いつかは平成の街にも懐かしさを憶える時が来るのかな。

上／夜にさしかかる別府はどこかドラマチック。裏路地を歩いていれば前が見えなくなる霧？ いや湯気が上がっている。昔ながらの街並みなのに少し感じるスチームパンク感。これが夜の別府の楽しみ方。
下／浴衣姿で街を彷徨っていたあの頃。別府は細い路地が若干のアングラ感、ディープ感があるので自然と引き寄せられた。温泉の街、もう一つの顔。

MIYAZAKI

宮崎

神話の世界、高千穂。宮崎でも高千穂周辺しか行けていない私だが同じく周りの人たちもまた
高千穂を目当てに来ている人……ばかりのようにも見えた。

右上／高千穂と言えばこの風景。流れる滝、ボートで楽しむ人々。上から見る風景は壮大だが下から見
るとまた違う世界があるのかもしれない。中央・右下／太陽神、天照大神が隠れたとされる舞台である天
の岩戸。その聖地では石が積まれ、何とも言えない神聖な雰囲気だけが漂っていた。

OKINAWA

沖縄

その場所に楽しい記憶しかないなんて場所もある。私の中で沖縄がまさにそれだ。小学校低学年の時に初めて訪れて以来、沖縄は憧れの場所であり続け、幾度訪れてもそれは変わらない。最初は沖縄本島しか知らなかったが石垣島、慶良間諸島、宮古島と、文化や風土の違う島々を巡っていくにつれ本当の沖縄というものの断片に触れることもできたんじゃないかなと思う。今では毎年夏に親しい友人と二人で沖縄を旅するのが恒例になっている。さあ、次はどこに行こうか。

上／沖縄を初めて訪れたのが小学二年生の頃。その後は高校の修学旅行。私にとって沖縄はただ楽しすぎる思い出だけが存在し続ける場所で、どうやっても好きにしかなれないのだ。下／竹富島にはコンドイビーチというどこまでも歩いて行けるかのような浅いビーチがあるのだが何度来ても飽きない。平成初期のミュージックビデオのように駆け出したくなってしまう。これはそんな玄関口、緑のトンネルからご入場ください。

上 / 沖縄本島しか知らなかった私が初めて石垣を訪れたのは大学生の頃。竹富や西表、波照間などの美しすぎる島の数々にこんな場所があるのかと本当に驚いたものだ。その中でもやはり竹富島だけは特別で、これ以上の島はないと思っている。下 / みんな夕日を見る場所は大体同じだ。海のさざ波を耳で感じながらただじっと夕日を見つめている。泳いで、食べて、見つめて、見上げる。朝の陽ざしから夜の星空まで楽しんでこその沖縄だ。

上／泳いで、釣って、ダイビングして。もうほとんど遊びきったような気がしていたが来るたびに新しい感動に出会える。この青さを見るために毎年沖縄を訪れているがまだ終わりそうにない。下／沖縄で夜に出歩いたら幸運だとヤシガニという大きなヤドカリに出会えるかも。何回か出会ったことはあるけどあまりの遅しさにテンションがあがる、なんか美味しいらしいし。でも昼間はこういう小さいのを楽しむのもまた良い。

上／「星を見に行こう」。友人と私はイノシシの叫び声に怯えながらただ星が見える場所へと向かった。手には宿から借りたライトが1つ、でも空に数え切れないほどの光があるから私達は何も言わず寝転んでただ夜空を見つめていた。下／高校生の頃に友人と歩いた場所、話した砂浜。遠い昔のはずなのに全部憶えていた。その当時と変わらない友人と再びこの場所を歩き、昔は行けなかった道の先に何があったのか。この旅ではただそれが知りたかった。

WORLD MAP INDEX

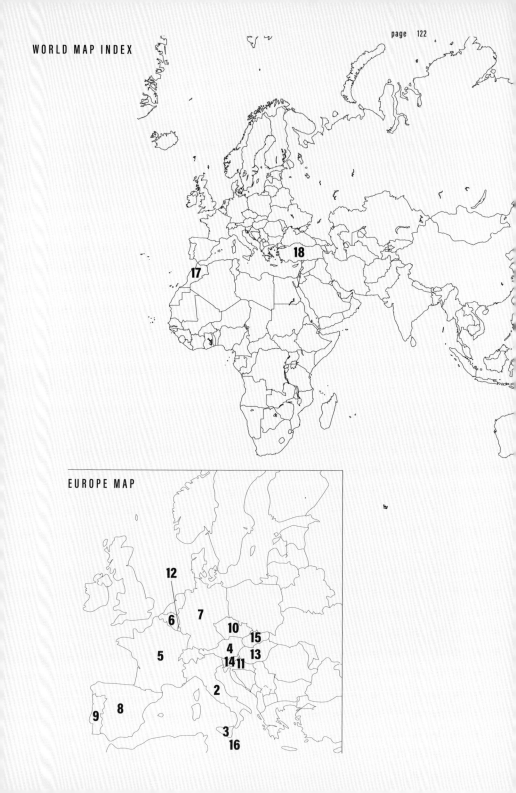

18

17

EUROPE MAP

12

6

7

10

15

4

14 11

13

5

2

8

9

3

16

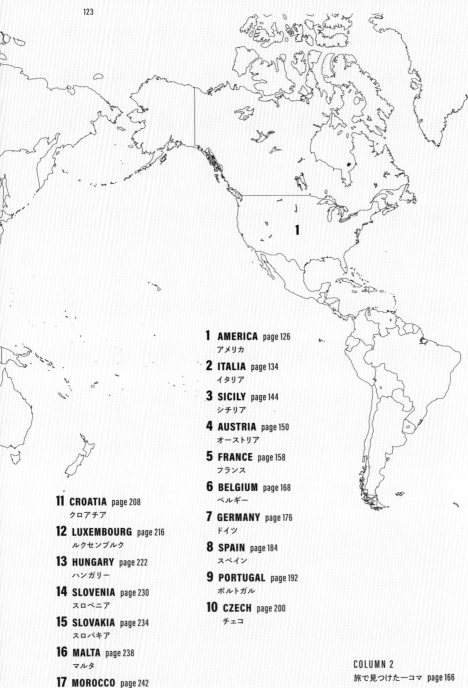

海外

海外を旅する、それに対する想いは簡単に言葉にはできない。海外と簡単に言っても世界は広い。勿論私は全ての国を訪れることなど到底できておらず、今のところ私の中における「世界」とは殆どヨーロッパを意味する。私が体験した初めての「世界」はイタリアだった。全く日本とは違う光、空気感に魅了され一人で何か月も旅をした。こんな街が、自然があるのだ――テレビや雑誌で見ていても本当にあるのかまだわからないその不確定な世界を本当にあるのだと実感することができる旅、ずっと昔から思い焦がれていたその場所へ。日本での出来事は自分には関係のない遠い話だ。そんな後ろ向きになりながらも前に進んでいく長い旅が始まった。

AMERICA

アメリカ

自由の国、アメリカ。多種多様な人種が住むこの国を私は撮り切れるのか……そんな不安も抱えながらよくわからない冒険心に駆られて2018年３月のアメリカを旅した。訪れたのはボストン、ニューヨーク、ワシントンDC、サンフランシスコとどれも有名な街ばかりだが奥深く魅力的な街しかない。ヨーロッパの街とは違うこの現実的な空気。目に見えて凄いという感情ではなくヒシヒシと感じるアメリカだ……という感触。賑わう町、友好的な人々。世界一の国の片鱗に触れる旅が始まった。

上／旅の始まりはボストン。アメリカの中で特に古い歴史がある街でありその街並みも現代的というよりかは美しい赤レンガが光る街並みだった。今にもクリスマスがやってきそうだと思うほどだ。下／同じ場所であっても訪れるたびに雰囲気が変わる。特にイベントなどの催し物があれば猶更のことだ。さぁパーティーの始まりだ。

上ノストリートパフォーマーが多いニューヨークでは地下鉄も例外ではない。ゲリラ的に開催されて半ば強制的に観客にされた私たちは拍手喝采。そんな日々も悪くないなと。下ノアートで彩られた街並みもアメリカでは珍しくない。The Bushwick Collectiveというこの通りではアメリカらしい色鮮やかなアートを歩くだけで鑑賞することができる。すぐに塗り替えられたりするのでご注意を。

左上 / ニューヨークのシンボルである自由の女神。自由と民主主義の象徴でもあるこのモニュメントの下では今日も現実的な格差が広がっていた。右上 / アメリカらしい建物が撮りたい。そんな気持ちに応えてくれたのがRadio City Music Hall。トニー賞の授賞式なんかも行われる間違いない世界の演劇の中心地だ。左下 / かつては移民局が置かれていたエリス島もニューヨークでは見ておきたい場所。むしろ観光客は移民側なのでここを始発点として観光をすべきなのかもしれない。右下 / ニューヨークには古いながらも見栄えの良い建築物が多々あり、このステーキハウスDelmonico'sもそんな一つ。寒い雨の夜に赤い傘を添えて。

上／サンフランシスコは霧の街。早朝に撮影しようと街に出るとそこはもう幻想的な映画の世界。カラっと晴れて霧が本当に幻想になってしまう前に撮っておこう。下／タキシードを着ている紳士を見かけることも少なくないサンフランシスコ。どこに行っても新婚さんがウェディングフォトを撮っているこの街は少し幸せそうに見えた。

サンフランシスコといえば赤い橋。どこから見ても魅力的なのでついつい歩き回ってしまうが想像より
も距離があるのでおすすめはしない。でもつい渡ってしまうそんな赤い魅力。

右／マンハッタンのど真ん中。スーツを着た、いかにも仕事ができそうな金融マンたちが行き交うその
中で同じくらい目に入るのがイエローが映えるタクシーたち。私にとってニューヨークのタクシーはま
さに動く写真スポットのようなものでどこでも撮ってしまうものだった。とはいえタクシーだけを撮る
のではなく副菜も大切。ビルとビルの間からちらっと見える荘厳な教会なんてあればそれが一番。

ITALIA

イタリア

私が幼少の頃から思い焦がれた国、イタリア。私が初めて海外で旅した場所でありそれは何度訪れて
も色褪せない。それぞれの街が独自の文化を持ち、まるで街ごとに違う国を訪れるかのような感覚に
襲われるほど様々な面を見せてくれる。永遠の都ローマ、水の都ヴェネツィア、見ずには死ねないナ
ポリ、有名な都市はいくつもあれどそれだけに留まらない、まだ数々の街が私を待っている。幼少の
私が思い描いた風景は本当にそこにあるのだろうか？　かつての憧れを確かめるように乾いた光の中、
イタリアの地に降り立った。

ナポリで思い出深いこと？ 食べ物の美味しさ以上に胸に来たのが教会の荘厳さ。これは他の国と比べ
ても一番私の心に来るものだった。危険な街なんて言わずに、ほら。

右／どこかのテーマパークではなくここはれっきとしたショッピングアーケードである。こんなものが
各所にあるものだから街歩きがやめられない。

左上／フィレンツェといえば美術館や街並みだけではなく革の街としても有名。日本からも職人が何人も渡り修行をしている。こうした露店も多いが店舗型も多いので色々見てみるのをおすすめしたい。右上／歴史的な街並み、いや歴史的すぎる建築物が多いイタリアでそこまでネオンというものを見かけなかった。夜の薄暗い街灯の中、見つけた光にまるで巣を求める虫のように惹かれていった。左下／白い街は数多くあれど一番はどこかと言われればオストゥーニだろう。ペスト流行下で殺菌効果を期待して白く塗られたこの街だが今ではそんな名残も感じられないほど美しい街だ。現地の人は語る、「この街は美しいだろう」ここまで自信を持って言えるって素敵なことだ。右下／夕日に照らされたアッシジをただ気ままに歩いたことを今でも思い出す。キリスト教の聖地だからというわけではないがこれ以上ないほど心が満たされる風景で、どの街に行ってもこれ以上の風景はないだろうと何度も思う。

左上／そのほとんどが歴史的すぎる街並みを擁しているイタリアだが現代と調和した街並みを持つのが
ミラノだ。お洒落なカフェ、色鮮やかな路面電車、奇抜な住居。丁度良さを求めるならまずはここから。
右上／日本でも映画の舞台なんかにされている有名な観光地、アマルフィ。熱海に似ているなんて馬鹿
にされたりもするが安心して欲しい、全くレベルが違う。ひとつ訂正しておくとホテルのレベルはかな
り低いが美しく青い海と切り立った山々だけはここだけにしかない本物だ。左下／夜のナポリは危険？
確かにそうかもしれない。他のヨーロッパの街とは違うヒリヒリした雰囲気があって少し癖になってく
る。歩いているとこんな場面にも遭遇するものだからやめられない。右下／ローマの中心地、ヴェネツ
ィア広場。様々な人々が入り乱れるこの場所では観光客以上にバラを持っている人なんかもいる。赤い
バラを渡してくれる人がいるなんて素敵！ ……という話ではなく大体詐欺なのでご注意を。もしバラ
を一輪持っている観光客がいたらそういうことなので優しくしてあげて欲しい。

イタリアの街は風光明媚ながらその歴史から高所に作られていることが多く、高低差もあるため坂が多い街が多い。つい泣き言が出てしまいそうになるがペルージアの坂だけは別。何度でも登らせてほしい。

右上／数多くの街並みを遠景として眺めてきたがフィレンツェ以上の街並みは存在しないのではないか
と思う。統一されていてどこまでも続く赤く美しい街並みはどの時間に見ても心を満たしてくれる。そ
の中心にはいつも大聖堂が……残念ながらこの写真は大聖堂から撮られた写真だ。中央／イタリアへの
憧れはヴェネツィアからだった。漫画を通しての憧れではあったが現実は違うとどこでも書かれていた。
そして私個人の感想だが……別に何も間違っていない、期待通りだ。右下／国によって家族の交流の場
は違うのかもしれない。自宅、公園、レストラン……ここナポリでは、海。しかも船の上。そんな夏の
ヨーロッパ的なようなイタリア的なような特別な日常を私はただ流れるように見ていた。

ヴェネツィアといえばイコールでゴンドラを繋げることもできるかもしれない。昼と夜で値段がキッチリ決められているのでぼったくられることはないし乗り場によって紹介してもらえるところも違うので面白い。歌とゴンドラ漕ぎのおじさんとの写真撮影まで込にしてもらってどこのアイドルよりもおじさんが輝いて見えた。

右／関係性なんてわざわざ言葉にする必要はないのかもしれない。ピサで撮った写真だが二人の関係性は斜めってはいないようだ。

SICILY

シチリア

シチリアはイタリアの南にある地中海最大の島だがイタリアの中にまとめなかったのはあまりにも魅力的かつ様々な文化と歴史が入り混じったシチリアを、どうしてもイタリアとしてまとめられなかったからだ。キリスト教とイスラム教が交じり合い、他の国では見ることができない壮観たる石造りの街を多数持つこのシチリアという場所。乾いた光の中、いつも鼻をくすぐる香水の匂いと共に私は歩き出した。

ヴァル・ディ・ノートの中でも特に美しいのがラグーサの街並み。旧市街と新市街に分かれているこの街は街そのものが歴史の証人のようなもの。ただ座って陽が落ちていくのを見ていた。

右上／パレルモから電車に少し揺られるだけで着くのがチェファルーという美しい街。悲しいことがあるとするならば帰りの電車で親切にしてくれたおじさんが無賃乗車で締め出されていったってことぐらいだろうか。中央／シチリアでの初めての夜。パレルモの街に夜の帳が下り、宿の窓から通りを眺めてこれから何が起こるんだろうとワクワクしていた。右下／あれは……何を持っているんだろう？ パレルモ大聖堂を歩くシスターをつい目で追う。神聖さとワイルドな雰囲気を兼ね備えたそんな景色。

左／行ってみたかった街、見たかった車。全部このシチリアのヴァル・ディ・ノートの中にある。ヴァル・ディ・ノートはシチリア島東南部にある8つの街の総称でそのどれもが魅力的だ。右／朝6時のバスに乗ってやって来たのは空中都市エンナ。かつてない高低差に10kgのバックパックが軋むが圧倒的な光景に足が止まらない。

上／シチリアの宝と言ってもいいかもしれないシチリアの男たち。シチリアと言えばゴッドファーザー
で有名だが、それとは真逆で非常にフレンドリーで助けてくれる頼りがいのある男達だ。下／ノートの
街は歴史的なだけではなく彩られたアートのような街だ。このように彩られれば長い階段も……辛くは
ない？

この国の魅力は計り知れない。音楽の都ウィーンを代表として、モーツァルトで有名なザルツブルク
や湖畔の街ハルシュタットなど訪れれば間違いなく今までに見たことがない風景があなたを包み込む
ことだろう。私もそんな街と自然が見事に調和したこの国に魅了された者の一人だ。音楽に無頓着な
私でも夜の街を音楽の中歩けば自然とその世界の一部になる感覚になってくる。私は高台の宿に泊ま
り、明け方ふと目が覚める。部屋に一つしかない窓を開けるとそこには現実かどうかわからないほど
美しいザルツブルクの街が広がっていた。

ヨーロッパではテラス席がこよなく愛される。ここオーストリアでもそれは同じなのだろう。夫婦でも
家族でも。色々な人達が少し座ってお茶でもしている光景は不自由な時間を経た今となっては輝かしい。

右上／ウィーンで二番目に大きなヴォティーフ教会は壮観そのもの。内装・外観共に素晴らしく入っては楽しめ外からも色々な角度を探してしまう恐ろしい教会だ。中央／ザルツブルク中心部には観光客だけではなく現地の人も多く行き交っている。特に夏の時期になるとフリーマーケット的な出店も出ていて賑やかな雰囲気の中お城を眺めるなんてのも粋かもしれない。右下／観光地では地域に親しまれている猫がいる場所は多いけれど、ここハルシュタットでも同じ。スリスリしてきてとってもフレンドリー。この街をいつも見守ってきたその瞳にはこの街がどう映るんだろう。

左上／ハルシュタットの近くにあるオーバートラウンから見れるこの絶景。趣味なのか観光客なのかわからないが自由に空を飛んでいる人もいて、まさに絵のような風景だ。左下／山に登るときに見たいものは風景だけれどロープウェーを楽しむのもまたもう一つの楽しみ方。ロープウェーが交差するときに向こう側に挨拶なんてしてみたり。

右上／スイスと言われても信じてしまいそうな自然の豊かさが私を待っていた。放牧されている羊、内部が木造の教会、青い空。このままずっと旅をしていたかった。中央／ハルシュタットのレストランでは上から釣られている謎のモノを発見。実は夜になるとランタンのように光って、幻想的な雰囲気にムードまで追加されて底なしに美しい夜に深くはまっていく。右下／湖畔では何をしようか？ つい見て終わってしまうけれどボートに乗ったり泳いだりするのが多分一番良いのだろうと思う。

山周辺は天気が崩れやすい。晴れていたかと思いきや暗雲立ち込め雨が降り出すなんてこともザラ。でも結局晴れて幻想的になるからそれはそれでいいと思っている。

右／一緒に雨宿りして話していた人が突然脱ぎだして湖に突撃するなんてことは多分人生でこれが最後だと思う。そう信じたい。

FRANCE

フランス

ヨーロッパと聞かれればまず初めに思い浮かぶのがフランスかもしれない。パリの優雅さやモン・サン＝ミシェルというインパクトだけでフランスに旅をしてしまうかもしれない。私もそんな一人であったがフランスはパリが全てではない。東から南まで言い尽くせないほど多種多様に変化するフランスの美しい街と村を旅した。葡萄畑の道を歩きながら私が見つけたものは美しい村をそのまま後世に残そうとする努力そのものであった。いつでもこの旅を思い出せるように気に入った香水を買って私は街を歩く。

上／凱旋門から眺めるこのシャンゼリゼ通りがパリの象徴的な風景だ。よくパリを見て幻滅するパリ症
候群なるものがあると聞くが私には関係ないようだ。下／昔は醜悪な建築物として忌み嫌われたエッフ
ェル塔も今ではパリ市民に愛される象徴的なモニュメントだ。そのエッフェル塔からの眺めはこの通り、
凱旋門まで一望できる。でも私はエッフェル塔にはファインダーの中にいて欲しいと願ってしまう。

右／ずっと行ってみたかったストラスブール大聖堂をついに訪れる事ができた。あっ、ここはあのアニ
メで見たような場所だ！ という楽しみ方で一層特別に見えてしまう……そんな再発見的な旅。

上／ニューヨークでも見た自由の女神だが元々の始まりはここフランス。自由を求めて戦ったパリ市民にこそ相応しいのかもしれない。下／パリの街並みがあまりに優雅すぎてウェディング姿の人とすれ違っても何の違和感もなさすぎて自分でもびっくりだ。

上／ルーブル美術館で美術品を眺めるのも良いが、その周辺で優雅に読書をしてみるのはどうだろう
か？ みな友人と話してたりカフェをしていたり何でもない美しい日常がそこら中に満ち溢れている。
これがパリの優雅さなのかもしれない。下／あまりにもギザすぎるかもしれない光景もここパリではあ
まりにも自然。ローマで見る一本薔薇とは何かが違う。

左上／カルカッソンヌという場所はあまり日本人には知られていないかもしれないがフランス国内では絶大な人気を誇る城塞都市だ。しかしその城よりも傘に魅了されてしまったのが写真撮りのサガだ。左下／ワインがあまり飲めなかった私にその魅力を伝えてくれたのがここボルドーの街だ。ボルドーワインと言えば私のような人間でも知っているほどワインで有名な街。私はこの街で初めてワインの旨味を知り、この街で初めてフランスの建国記念日を迎えた。右／あまり良いホテルには泊まらないがおしゃれに越したことはない。国によってホテルの雰囲気も変わるので楽しむポイントの一つ。言うまでもなくフランスのホテルはおしゃれだ。

右上／アルザスの街を歩くことより心満たされることはないかもしれない。ここリクヴィールの街ではまるでおとぎ話の国に迷い込んだようだ。こんな幸せな迷子は今後ないだろう。右下／世界で一番有名な修道院と言われればこのモン・サン＝ミシェルに他ならない。パリより電車とバスを乗り継いでやってくるこの場所はまさに絶景という言葉に相応しい。潮の満ち引きでその姿を変えていくこの島で足場がなくなっていき焦る私がただそこにいた。

COLUMN 2 　　　旅で見つけた一コマ

イタリアを代表するものと言えば何だろうか。私はまずFIAT500を思い浮かべる。イタリアの国民車ともいえるこのFIAT500だが、イタリア語で500を意味するチンクエチェントと呼ばれたり、Nuova500と呼ばれるモデルがあったりする。日本ではルパン三世で有名となったこの車、イタリアでは現行車ではなく1950年代から70年代に製造されたビンテージ感溢れるチンクエチェントが未だに走っているのだ。特にシチリアでは群を抜いて見る回数が多く、昔ながらのものを愛する文化と細い路地が多い街に適した車なのかもしれない。いや、それ以上に「私の車かっこいいだろう？」というイタリア人の美的感覚という愛がそこにあるのだろうか。

BELGIUM

ベルギー

ベルギーと言えば何が浮かぶだろうか。私は訪れる前はチョコレートとワッフルの国というイメージしかなく何故か北欧だと思い込んでいた。訪れてみると確かにヨーロッパ的な雰囲気はあるものの現代的な側面も多くあり、むしろダーティーな暗部も見え隠れするそんな国だった。中世のような街並みを歩きながらそんなチョコレートのような深く甘い暗さに魅了されながらワッフルを食べて今日も進むのだ。

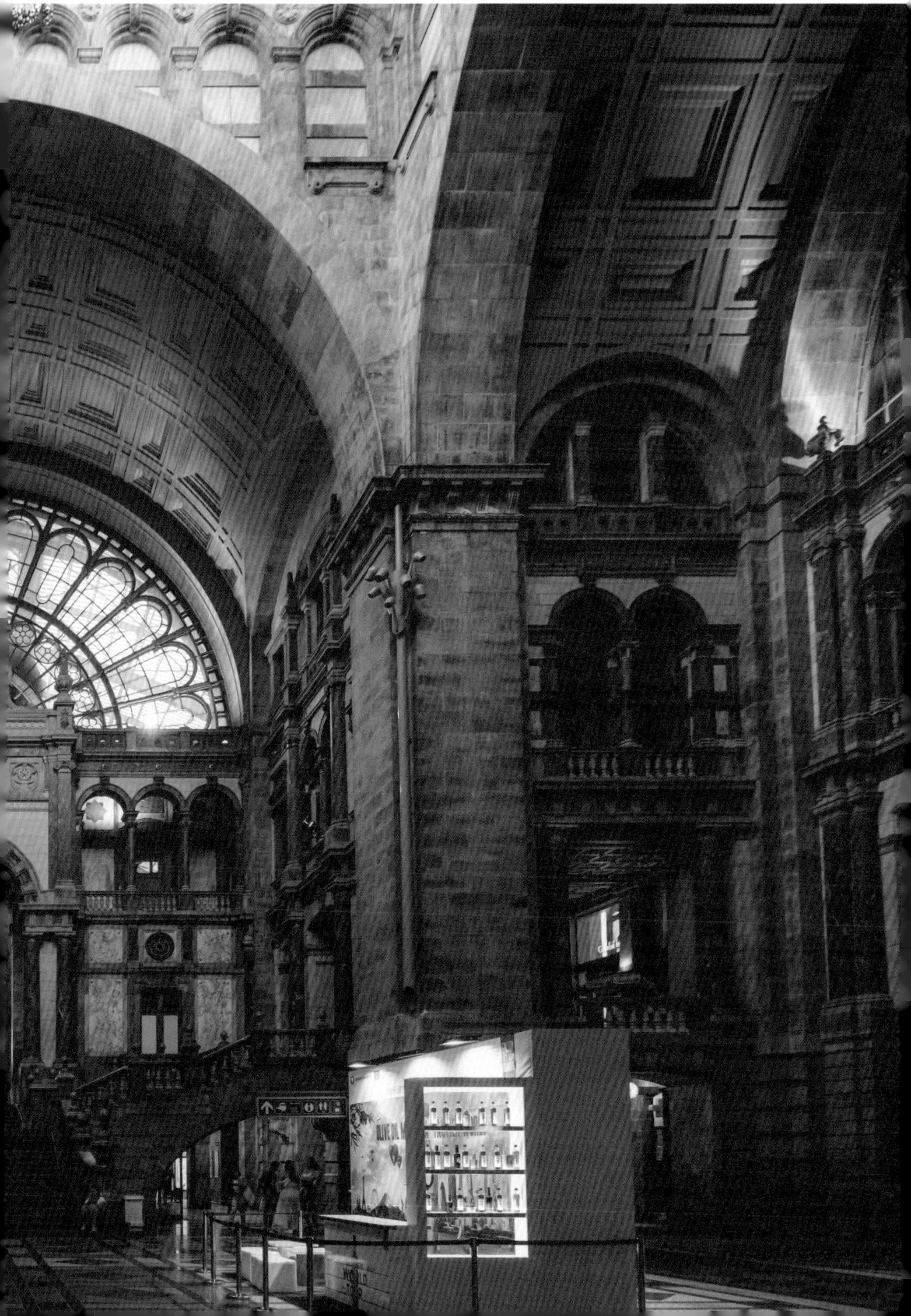

私がベルギーに興味を持ったのはこのヘントが始まりだったりする。だってほら、この通り世界各地か
ら一級の建築物を集めたみたいな街並みは他にはないから。

右上／ブリュッセルの街は駅前現代的、王宮付近中世的という組み合わせ。観光客と現地の人々が入り乱れるこの空間が愛おしい。中央／夜はバーにでも入ってしっぽりと。そんなベルギーの夜に憧れてしまうけれどビールに酔って宿に帰れなくなるのが怖くて呑めない悲しい夜。右下／今日はお祭りではないけれど常設的に屋台みたいなものもあるのが面白いところ。やってみる？　なんて声をかけられたりもするけれど……今日は遠慮しておこう。

レンガが美しい街は多くあるがここベルギーならブルージュがそれに該当するだろう。何か特別なこと
が始まりそうな二人の姿だ。

右上／ヨーロッパの楽しみ方の一つに定点観測があるかもしれない。決まったフレームの中に入ってく
る数多の物語。一度お試しください。中央／ここディナンの街は戦争で多大な被害を受けながらも復興
して現代に至る街だ。悲しい戦災の傷跡は今は見当たらない。右下／アントワープで頻繁に見られるこ
の光景。彼らは正統派ユダヤ人でありその多くが宝石に携わっているらしい。アントワープが世界的な
ダイヤモンドの街であることに由来しているという。

上／人が行き交う駅は旅の始発点でありながら中継地点でもある何とも味わい深い場所。彼らの一日の始まりなのか終わりなのか。様々な人生が濃密に絡み合う。下／世界一美しいと言われるこのアントワープの駅。観光地への経由地点のはずが駅が既に観光の最終地点となるほどずっといてしまう魔力を持つ。

上ノストリートパフォーマーといっても良いものから迷惑なものまで色々あるが多くの人を笑顔にして
くれるのがシャボン玉だと思っている。子供は勿論大人まで楽しくなり、パフォーマーは費用もさして
かからずみんな笑顔だ。下ノこんな街並みを見ながら飲むお酒は美味しいに決まっている。飲んで街並
みを歩けば夢か現かわからなくなる。

GERMANY

ドイツ

実は旅をする前はそんなにドイツに見るところはないんじゃないかと思っていた。ソーセージとビールは確かに魅力的だけれど見たいところはそんなにないなと思っていた。実際に行ってみてわかるこの親和性の高さ。他のヨーロッパの国々に比べて何故かわからないけど馴染む気がするこの感覚。街並みも洗練されていてふと自分は先進国にいるんだなと感じさせられるほど研ぎ澄まされていた。ネット上だけじゃわからないこの国の魅力を見つけに行く。

シンデレラ城のモデルともなったノイシュバンシュタイン城周辺からの眺め。この雄大な景色に魅入られドイツ周遊の旅は始まる。

上／葡萄畑の中から見えるはコッヘムの街。高台へはリフトもあるけれどつい歩いてしまいたくなる、素敵な街って多分そんなもの。下／ドイツでこれ以上に美しい街はないんじゃないかと思うほど赤い屋根が綺麗な学生の街ハイデルベルク。良い街は歩くよりつい上から見てしまいたくなる。写真撮りの悪い癖だ。

ランチでもビールを飲んでいるのが日常風景。こんな天気の良い中でビールを飲んだら美味しいに決まっている。そう思いながら私は白ワインを流し込んだ。

右上／たまにはプランを変える日もある。この日はお城に行くのを諦めてシュツットガルトでただぼん
やりまどろみの中へ。こんな日もまた良い。中央／大聖堂の街、ケルン。大聖堂の街ではあるものの面
白い構造のビルやモニュメントも多くありついどこまでも見ていってしまう。でも夜の街にはご用心。
右下／夕日が沈む前の駅舎ってこんなにドラマチック。着いたばかりでまだよくわからない街にワクワ
クしながら幸せな眠りにつく。

何を話しているんだろう。旅ではいつも私は傍観者。でも何か幸せそうな感じがする。それだけわかれ
ば他はいいなと。

左上／電車から降りたら旅の始まり。私は多分もう二度と会うことはない君をただ眺めていた。右上／ド
イツの街と可愛い発色のものが相性がよく感じて何だか撮りたくなる。自転車とバイク、お互いうぶな
関係のようだ。下／木漏れ日の中、友人たちと語り合うほど満たされる時間はないかもしれない。夏の
ドイツ、日陰の快適さはつい瞼が落ちてしまいそうになるほどだ。

SPAIN

スペイン

灼熱の国、情熱の国……呼ばれ方は多くあれど熱いことだけは間違いないスペイン。その歴史からキリスト教とイスラム教が混ざり合った建築物と文化があり、より一層エキゾチックな雰囲気を醸し出している。スペインに行く目的はサッカー、ガウディ、あとは……生ハムだ。私を深い美食の沼へといざなった生ハムと白ワインという存在。旅は食事も含めて完成するものなのだと生ハムを頬張りながら今日も思う。スペインを縦横無尽に横断する旅が始まった。

差し込む光の中を歩く少年。つい教会というものはこうして角から撮ってみたくなってしまうものだ。
そうすればほら、こんなにも神聖だ。

右上／セゴビアにある水道橋。ローマ人によって作られたものなのだがその技術力の高さから悪魔の橋と言われたそう。そうまさに悪魔的な魅力だ。中央／旅の最中も疲れは溜まる。そんな時は上を見たり下を見つめたり。その街の生活が一番わかるのがそんな瞬間なのかもしれない。右下／古い街の中にある現代的な建築物。よくそういったものが物議を醸すがここセビージャではむしろ魅力的だ。これもまたスペインらしいと納得さえできてしまう。

木漏れ日溢れるまどろみの中、シスターたちのお昼時間。一般市民に混ざって存在しているその空間が
何とも自然だ。

右上／あまり観光客を見なかったモンテフリオという街。生活感に溢れていて全く観光地感はないが
スペインでも随一の街並み。白い街と教会の組み合わせはいかが？ 中央・右下／白き街アルコス・デ・
ラ・フロンテーラの日常。一人でも二人でも。白い光が背中を照らしていく。

上／ガラス美の結晶「カタルーニャ音楽堂」。ガウディについ目を奪われてしまうがバルセロナにはこんなにも美しいものが沢山あるのだ。下／グラナダの空気感は他とは少し違う。色濃く残されたイスラム建築がおそらくそう感じさせるのだろう。一度で二度美味しい、そんな街だ。

上／海沿いの美しい街、バレンシア。街が美しければ当然建築物も美しい。カラトラバによる科学教育と芸術を結集させた「芸術科学都市」は一味違った感動を与えてくれるだろう。下／バルセロナといえばガウディ、ガウディといえばそうこのサグラダファミリアに他ならない。数多くの観光客が訪れているがその誰もが完成したものを見たことがないのだ。私は果たして完成したサグラダファミリアを見ることはできるのだろうか。

色鮮やかな街並みと路面電車、そんな美しい街を多く持つポルトガル。何だかポルトガルって響きが中南米っぽいなと思いつつもその文化はまさにヨーロッパ。教会と路面電車の組み合わせが美しい坂の街リスボン、赤瓦と大橋の街ポルト、そして王妃が愛した街オビドス。坂が多くて挫けそうになるけれどそんな時は路面電車にでも乗ってポルトガルの風を感じる。そんな体験をするために私はこのポルトガルの地を縦断する旅をする。

街と色と自然と。そんな見事な調和が見れるような気がするオビドスの街。王妃が愛したと言われている街だが確かにこれは愛さざるを得ない。

右上／ヨーロッパでは様々な路面電車を見てきたけれどその中でもリスボンの路面電車は非常に幅広い
エリアを運行している。だからこそ撮れるシーンも生活もあるのが嬉しいところだ。中央／まるでテー
マパークのような街の中にある小物には何か特別なものが宿る気がしてくる。小物に注目した旅もま
た楽しみ方の一つなのでしょう。右下／雨上がりの街はいつもより美しい、それはここポルトでも同じ。
眺めの良い場所を探してあてもなく歩いてしまうのはよくあることだが、雨上がりの偶然と放浪の偶然
が重なってポルトの街で一番美しい光景を見れたような気がしている。

リスボンといえばこの組み合わせ。教会の前には今日も地元の人々の生活を乗せた電車が行く。

右上／白い街はもはや一枚のキャンバスでその中に人が入ってくるような感覚だ。絵を見ているような
この街はどこを見ても色が流れている。中央／ここオビドスでも絶好のウェディングシーズン。そんな
中に手をつないだ老夫婦。一方通行？ 私にはそうは見えない。右下／ラクガキだらけの建物の間をラク
ガキだらけの路面電車が海に向かって進んでいく。リスボンではこのようなラクガキは多く、一見治安
の悪いようにも見えるが夏の光の中ではむしろ陽気ささえある。

私が泊まったホテル、SANDEMAN。ワイナリーが運営するホテルで非常に満足できたホテルだった。
上にはロープウェーが通っていてその下でワインと赤身肉をいただく。白ワインは流石ワイナリーだけ
あり最高だ。さて本命のお肉は……これは本当に30ユーロ以上するものなのか？

上／ポルトの象徴ドン・ルイス一世橋。上は電車、下は道路と二重構造の美しい橋で夕暮れを楽しむ
……なんて思っていたが何と手前には工事のクレーンが。ポルトもまだまだ観光に向けた開発が進んで
いて私はまだ本当のポルトを知らないのかもしれない。下／教会の壁に青い宗教モチーフのタイル。そ
れがリスボンの教会でよく見られた特徴。一つひとつ見ていくのが楽しくて、あの扉の先には何がある
んだろう。そんな気持ちに突き動かされる。

CZECH

チェコ

よくものの例えとしておとぎ話のような、中世のようななんて陳腐な表現がされる。そんな言い回し
に飽きた人でもこのチェコという国だけはその言葉を避けることができないだろう。完成された街並
み、優しい人々、流し込む安く美味しいビール。中央ヨーロッパに位置するこの国は西欧の国々より
も何とも優しい雰囲気に満ちていて街を歩いていると心にも余裕が出来てくるかのようだ。夢で見た
ようなおとぎ話の街並み、今その中へ。

まるでレゴブロックで作られたかと思うほど整ったプラハの街を上から眺める。プラハには高台から見れる展望スポットが多くあるのでつい見つける度に登ってしまう。仕方ない、写真撮りだもの。

左／ちょっと隠れ家的なレストラン。その響きの良さはここ海外でも同じ。陽が落ちてきたそんな時間。入ってみようかなとちょっと悩む至高のひと時だ。右／おとぎ話という言葉が最もふさわしいチェスキークルムロフで早朝目が覚めた。目をこすりながらお城の上まで行き心地よい光に包まれていると同じようにみんな集まってくるものなのだ。

左上 / ヨーロッパではよくわからない銅像やらモニュメントやらが街中にあるものだがプラハではまさかの空中。思わず二度見したけれどこれは助けてあげた方がいいのだろうか？ 左下 / プラハ王宮近くのヴルタヴァ川では多くの人々がボートを漕いでいてまるで皇居のようだったが断じて違う。いや王宮近くの川でボート？ うん……皇居なのかもしれない。

右上 / 旧市街広場と聖母教会は観光客でごった返す場所だ。例に漏れずプラハ初心者の私もその一員に。でも何度来てもここに来てしまうんだろうなと思わずにはいられない。中央 / 海や川などの良い風景を見ながらの食事なんてのは定番の楽しみ方だがチェコで道路を見ながらの食事なんかはどうだろうか？ 真横を車が通るというスリリングさはあるがプラハの中心地だから風景は抜群だ。右下 / 教会の中というのはあまりに大迫力で荘厳、思わず首を垂れてしまうような神聖さがある。特に凄いと感じたのがナポリの大聖堂とここ聖ヴィート大聖堂だろうか。ステンドグラスを通して差し込んでくる光は周囲を浄化しそうなほど尊いものに見える。

COLUMN 3　　旅で見つけた一コマ

旅と旅を繋ぐもの――乗るだけではなく見ても楽しめる路面電車が私は大好きだ。一口に路面電車といってもその土地特有のデザインだったり色だったり、多種多様なので飽きることなく楽しめる。地元の人たちの生活を支える重要なインフラとして機能する路面電車に乗るのは、その土地の雰囲気をふんだんに味わえる貴重な機会だ。クラシックなもの、現代的なもの、二階建てのもの……愛くるしい路面電車が流れるように走る街にカメラを持って出かけてみるのはいかがだろう。

CROATIA

クロアチア

今まで旅をした中で特に印象的だった国はどこかとよく聞かれるがまず初めにクロアチアの名が浮かぶ。南ヨーロッパに位置するアドリア海の国クロアチアはヨーロッパ有数のリゾート地にして戦災の歴史を今に伝える側面も持った引き付けられる国だ。私が初めて一人旅で訪れた国でもありその印象は非常に深くなっていることもあるが街並みや自然が魅力的なだけではなくヨーロッパの中でも非常に治安の良い国でもあるので一人旅には最適だ。そびえる城壁、海へ続く階段……私は青さを求めてこの国へ来た。

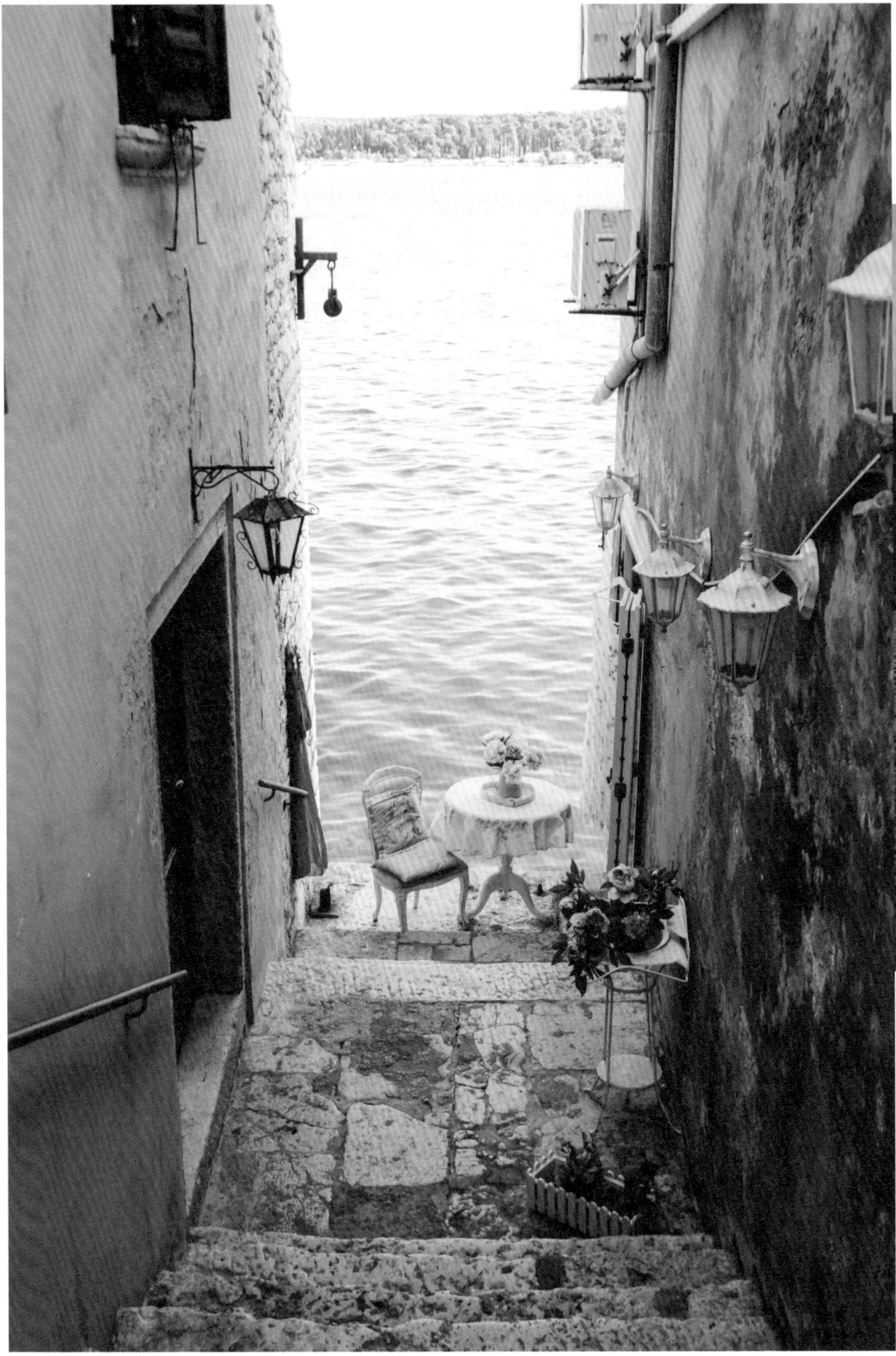

左 / こんなに美しい光景があるのだろうか。ロヴィニの街には海へ続く階段が多くありこんな風景がよく見られる。私は何度か迷子になったがおそらく世界で一番幸せな迷子だっただろう。

上 / ずっと昔からふと写真を見て憧れていた街、ロヴィニ。一本の鐘楼がトレンドマークであるこの石畳の街は昔の私の憧れに報いてくれた。ポーランド人の女性と沢山話しながら街を見たそんな素敵な記憶だけがここにはある。

上／世界に名高い城壁の街、ドゥブロブニク。空港に着いてバスで街へ向かう際に見たドゥブロブニクの衝撃が今でも忘れられないでいる。世界にはこんな場所があるんだな、そう初めて思わせてくれた場所だ。下／クロアチアの好きなところ、それは朝市が多くあるところ。観光地でもそうでないところでも様々なマーケットが開かれていて現地の生活が鮮明にわかる。コミュニケーションを交わしながら果物でもどうです？

上／魅力的な街には魅力的な紳士がいるものなのかもしれない。普通ならギザに映ってしまうかもしれ
ないその服装を着こなすのにこの街も作用していることは間違いないだろう。下／ドゥブロブニクの楽
しみ方は城壁を歩くことから始まる。一周は非常に長いがこれをやらずして帰るのは確実に損だ。でも
大丈夫、街を見ながら歩けば一瞬の出来事だ。

上／クロアチアの首都ザグレブを上から眺めるほど豪華なものはない。もう日が落ち始めるその時に少し肌寒い風を感じていたのを今でも憶えている。下／ここザグレブでも路面電車は健在。地元の交通手段で幅広いエリアに足を延ばすことができる。夜の街に似合うこの風景もまたザグレブの顔なのだろう。

左上／路地の先に物語が見える。何かを見つけるためにひたすら路地に迷い込むことができるのがドゥ
ブロブニクの魅力ともいえる。スマホはポケットに入れてただ歩くのみ。右上／ドゥブロブニクの街は
非常にレストランが多く、細い路地に飲食店が連なっている。昼でも夜でもその賑わいは変わらず愛が
ある風景も見れる。そんな贅沢な時間だ。下／クロアチアは代表的な観光地の他にも古代に発展した古
都もいくつかある。スプリット、シベニク、そしてこの街トロギールなんかも比較的簡単にアクセスで
きる街の一つだ。それぞれの街にそれぞれの良さがある。あなただけのお気に入りを見つけて欲しい。

LUXEMBOURG

ルクセンブルク

小さな大国とも言われるルクセンブルク。佐賀県ほどの大きさにして一人当たりのGDPが世界一という金融業で栄えた富裕国なのだ。そう聞くと何やら大都会のイメージが湧いてくるがそんなことは決してなく、豊かな自然とそれに溶け合う伝統的な街並みが維持されている。観光といった観点で見ても観光パスを買えば公共交通機関も乗り放題で多くの施設に入れてしまう。私はこの世界一裕福な国で貧乏バックパッカーが旅するというギャップに悩まされながら今日もその美しい街並みの中を徘徊するのであった。

ルクセンブルクで訪れるべき街といえばヴィアンデンの街だろう。修繕され美しい姿となったヴィアンデン城が見える。これ以上ない贅沢な風景だ。

右上／隙間から見える教会というものは普通よりも迫力があるように感じてつい路地に誘い込まれてしまう。おや休憩中ですか、失礼しました。中央／ルクセンブルク旧市街はフランスのようなドイツのようなそんな街並み。切り立った崖に街並みが作られているので高低差はあれど逆にそれが美しい風景にしてくれている。右下／オフィス街では定時上がりと思われるサラリーマンによる呑みが始まっていた。流石は世界一の富裕国。オンオフの切り替えも世界一かもしれない。

左／もう陽も落ちかけているけれどユースホテルに帰りたい気持ちもない。そんな時はただフラっと歩いてフラっと撮る。辺りをボヤっと照らすその光に何だか哀愁を感じた。右／各国巡ってよく警備の人は仕事中何を考えているんだろうなって思ったりするのだが、どうやら家帰って眠りたいが殆どだったりするようだ。あくまでその人の意見ですがね。

上／街並みを歩くだけでは勿体ない。エヒテルナハの街並みは上から見るのが一番だろう。最初は覚悟して展望台に向かったがあっけなく着くことができて良い意味で拍子抜けだ。下／エヒテルナハはコンパクトな街なのでそんなに時間はかからないのだが教会を上から見たり横から見たり近所のスーパーでバナナを買ってたりしたらいつの間にか凄い時間が経ってたりする。

HUNGARY

ハンガリー

私が中央ヨーロッパ旅の最終地点に選んだのはハンガリーという国であった。と言いつつドナウの真珠とも言われるブダペストにしか滞在できなかったのだが、それだけでも西欧とも東欧とも違うような雰囲気をヒシヒシと感じていた。少しびくびくしながらもこの街を歩くとわかるその美しさはまさに一流。駆け足で巡らないとこの街を味わい尽くすことは難しそうだ。ちょっと愛想の悪い店員からバームクーヘンのようなハンガリー名物「クルトシュカラーチ」を買い、頬張りながら急ぎ足で街へと飛び込んだ。

ブダペストといえば世界一美しいと言われる国会議事堂がある。世界一という言葉はもう聞き飽きていてクドさすら感じるが、認めよう。確かにこの議事堂は世界一美しい。

右上／夜のブダペストは昼間から一転して何だかロマンティックなムードだ。どこもライトアップされているのでブダペストは夜景も有名となっている。皆ペアとなって散策を楽しんでいるが、私は早々に宿に帰ってお寝んねだ。中央／ここがあなたの部屋ねと案内されたのはおそらくマンションの一室と思われる場所。一瞬驚いたがこんなホテルも現地に溶け込んだような感じがして悪くないと思う。右下／実はブダペストの近くには電車で行くことができる魅力的な街、センテンドレがある。街中が装飾されており、そのカラフルさについ奥へ奥へと足が伸びていく。

上／街の中に溶け込んで走る路面電車。もし颯爽と降りてそのままレストランに入っていったらかっこいいと思いませんか？ いつかそんな風になれたらいいなと考えつつケバブを食べた。下／人々の生活を乗せて路面電車は今日も行く。みんな何をしているんだろう？ そんな人生の一瞬を垣間見る刹那の光景。

上ノこんなにも遠くなのに奥には聖イシュトヴァーン大聖堂が見える。ブダペストの名所ともいえるこの場所はどこから見てもその強烈な存在感を放っていた。下ノブダ地区とペスト地区を繋ぐセーチェーニ鎖橋。この橋が両者を繋ぐからこそブダペストになっているともいえるブダペストの顔そのものだ。一見ニューヨークにありそうだなと変な目で見ていたのは内緒だ。

左／圧巻の解放感、ブダペスト中央市場。私が今まで訪れた市場の中でもおそらく一番美しいだろう。
観光客だけでなく勿論市民も多く利用しており野菜や肉、果物からよくわからない雑貨までいろいろな
ものが売っている。結局彷徨っていつも通りバナナを頬張った私だったが、この開放感の中で食べるバ
ナナは一味違う気もするような？

上／建国千年を記念して1900年頃に作られた「漁夫の砦」。どうしてその名前になったのかは定かでは
なく近くに魚市があったからやら何やら言われているがつまりは街の美観計画のために作られたという
から珍しい。他の国に追い付け追い越せ、ハンガリーとしての意地が垣間見える建築物ともいえる。
下／駅の近くに何か意味あり気に置かれていた椅子二つ。何となく座ってみたが……悪くない。そのま
ま気分が上がった私は間違った乗車券を買ってしまい恥をかくことになったのだった。

SLOVENIA

スロベニア

嘘かまことか、日本人の98%が一生行かないなんて言われている小国スロベニア。自然が豊かで治安も良く、美しい街並みを擁する国ではあるが実はスロベニアとして国家が成立したのは1991年と非常に新しい国でもある。国民性も非常に真面目と日本人の私には非常に親和性を感じる旅となったのも確かだ。悲しいことに首都リュブリャナと湖畔の街ブレッドのみの滞在となったがこの小国の魅力を知れば他にも様々な街を見て回りたくなるのは当然のことだろう。そんなスロベニアに行った2%の日本人による旅の記録だ。

上／浮島にある聖マリア教会をバックに夏は大衆浴場となるブレッド湖。こんな美しい教会を見ながら入るなんて羨ましすぎて本気で飛び込もうと思っていたそんな昼下がり。下／ブレッド湖は泳ぐ以外に漕ぐという楽しみ方もあり。観光客を聖マリア教会まで乗せていく漕ぎ師は一家で相続していく職業らしいが周辺を個人でブラブラ漕ぐのは自由。沈没のリスクを考えて私は見守る立場となったのであった。

上／1144年に建設されたリュブリャナ城からはリュブリャナの街を一望することができる。中は博物館的な感じだったので……眺めが優先だ。下／煌びやかな装飾を誇るのが聖ニコラオス大聖堂。金の装飾はコテコテして好きではないのだけれどこの教会だけは妙に馴染んでいる気がした。

SLOVAKIA

スロバキア

ウィーンから少しだけ国境を跨ぎやってきたのは小国スロバキア。スロベニアだかスロバキアだかよくわからなくなってしまうが、スロバキアも1993年に成立した国家であり語源も同じスラブで似た経緯を辿った国である。スラブと言ってはいるが歴史的にハンガリーの影響を強く受けており街並みや文化にもその歴史が反映されている。私が訪れたのが首都ブラチスラバだが、本当に首都なのか？と思うほど落ち着いた街。でも小さな中に魅力を詰め込んだ、そんな街と国なのだ。

上／人がいないバスに揺られてスロバキアへ向かっていた。外をふと見るとそこには絵画のような風景。スロバキアの旅が始まった。下／ヨーロッパあるあるの謎銅像。チュミル像と言うらしいがこれは完全にアウト。そこの警察さん、こいつ怪しいですよ。

左／真っ白な外観のブラチスラバ城は内装も真っ白。時代を経るにつれて様式も変わっていき今のブラチスラバ城はかなり新しかった。このお城は美術品などの展示品まで面白いので是非行って確かめて欲しいと切に願う。右／ブラチスラバの顔、聖マルティン大聖堂。上から見ても下から見てもその存在感は変わらない。街のどこから見ても少しだけ顔を出していて少し安心する。

MALTA

マルタ

地中海の中央に位置する小さな島国、マルタ共和国。様々な国の支配を受けながら歴史を紡いでいったこの国は染料を流し込んだかのように美しい海を持つ観光地でありながらも英語が公用語であるため、世界各地から英語を学びに学生が留学してくるという側面も持った国だ。そんなマルタに英語を全然話すことができない外国語学部出身の私が乗り込んだ。シチリアから早朝のフェリーに乗り、まるで世界一周をするかのような気持ちで出港した私は今まで出会ったことがないような青さを持つ神秘と出会ったのだった。

上／ヴァレッタからバス一本で行ける古都イムディーナはまさに私好みの細い路地の街。距離的に近い
だけあり雰囲気はシチリアを思わせるような街並みで私はここでも幸せな迷子となった。下／透き通る
ような美しい海で名を馳せている観光地、コミノ島。コミノ島と言われてもわからない人は多いとは思
うが、テレビや雑誌で宙に浮かぶ様に見えるボートの写真が多く紹介されているので見覚えのある人も
多いのではないだろうか。勿論あれは風が少ない時限定の話ではある。

左／聖ヨハネ騎士団の団長から名前が取られた首都、ヴァレッタ。まさに城塞のような街並みが続いている。他の国では見ない面白い窓枠が何だか好きになってしまった。右／深夜に到着した私をずっと待ってくれていたオーナー夫婦の優しさが沁みた夜。民家の一室を借りてそこを騎士団のように本拠地とした私はあてもなくフラフラと彷徨っていたがヴァレッタの夜に怖さを感じることはなかった。ヨーロッパの夏の夜は長い。

MOROCCO

モロッコ

ヨーロッパを巡った私は初めてアフリカ大陸に降り立つこととなる。その国はモロッコ、アラブ世界のエキゾチックさを秘めた魅惑の国だ。スペインから船でジブラルタル海峡を渡ればそこはもう別世界。これまでのヨーロッパの雰囲気とは全く違い、アラブ世界に足を踏み入れたのだと自覚させられる。青い街シェフシャウエン、首都ラバト、迷宮の街フェズ、かつての帝都マラケシュ。まだ見ぬ街が私を待っている。ガムがへばりついた空調も動いていない密なバスにお尻を痛めながら心は踊る。

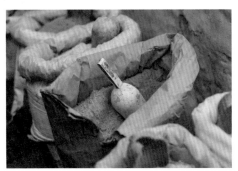

左上／シェフシャウエンの街並みはどこを歩いているのだかわからなくなる。上から下まで迷宮のように連なっているが観光地とは思えないほど中には生活がギッシリつまっている。右上／青い街で迷った先がこんな美術館だったら嬉しくなってしまう。絵が飾ってあるのにこの光景そのものがまるで絵画のようだった。青い絵の具以外の使い道があるのか気になるところだ。左下／何気ないモノにも生活感があって好きな国だった。でも正直に言えば「もう二度と行きたくない国は？」と聞かれればまず最初にモロッコって言うだろうけども染料のようにその国に合う、合わないがあるんだと思う。右下／どこも子供が多いなというのがモロッコを訪れてみての第一印象。それはとても素晴らしいことではあるのだが、ここで悲報……海外の子供は信用してはいけない。特にモロッコでは他の国以上にね。悪魔の方がより天使だ。

上／これが世界一の迷宮、フェズの街。平気な顔でぼったくってくるタクシーをいなしながらこの高台
へやって来た。そしてこの物売りのおじいさんは言う、「これは妻と息子が作ったんだ」。そういうの
に弱いのでやめて欲しい、切実に。下／カラフルな街並み、様々な雑貨。何を買っていけばいいのかわ
からなくなる。でもこの中から一足でも買っていけば粋なのかもしれない。

首都ラバトは首都としての機能だけではなく海沿いの街のため観光地としての人気も誇る。釣りをしている人も多かったので私が知らないだけで釣り人からの人気もあるのかもしれない。

右上／ブラブラ歩くことの最大の恩恵が自分が知らなかった風景と出会うこと。ラバトの路面電車を降りた私は海沿いに下を向いて歩いていた。正直モロッコでは疲れることが多かったがこんな風景に出会うこともある。中央／マラケシュ、ディナーの時間。昼間はよくわからない出店でごった返している広場も夜はレストランへと大変身。でも私は肉団子をトマトで煮込んだケフタタジンという名物が気に入りすぎてそればっかり食べていたのは内緒。悲しいことがあるとすれば水にあたってしまい帰りは泣いたことかな。右下／モロッコの雑貨はどれも可愛くてつい目移りしてしまう魅力がある。物価も控えめということもあり財布の紐はいつも以上に緩め。さぁ手を上に伸ばして、その赤いバッグを。

左／迷宮の街フェズは革の産地としても非常に有名。革をなめすための何とも言えない薬品の匂いで満ちている。そんな革の現場を上から見れる周辺の建物の屋上も観光地と化しているので気が向けば行ってみると良い。ちなみに提示される金額は半分増しぐらいに思うといい。さぁ値切りタイムだ。

上／未完の尖塔、ハッサン塔。王の死によって建設がとん挫したこの場所は、未完こそが美しいような光景が広がっていた。

TURKEY

トルコ

ヨーロッパとアジアを繋ぐ中継地点、トルコ。それは私の中央ヨーロッパへの旅を同じく繋いでくれていた。一回目の滞在は数時間であったがそれだけでも私の記憶に深く刻まれ、コロナ禍が明ける兆しが見え始めた2023年6月……私は再びこのトルコの地へやってきた。躍動する街、温かい人々、美味しい食事、圧倒的な大自然。今まで旅してきた国々とどこか似ているようで、どこか違う。初めて訪れた時と変わらない感動がまだそこにはあった。

上／このイスタンブールの街はどこか少し刺激的だ。絶え間なく行き交う車、バス、人々。路面電車は旧市街から新市街までつい下車してしまいたくなる街並みを繋ぎ、美しいモスクからまた違う別の美しいモスクまで私を連れていった。だがイスタンブールにはトラブルはつきもの。美しい街並みに心は揺れても、決して油断しないように。下／トルコと言えば雄大なモスクと美しい絨毯がイメージとして大きいかもしれない。私も例に漏れずだったが、なんとモスクにて美しい絨毯のような模様の壁に出会ってしまう。赤と青、これだけの組み合わせなのについ見とれてしまう。絨毯は高くてとても買えないのでとりあえず私はこれで。

上／トルコでどうしても訪れたかった場所、カッパドキア。定番中の定番かもしれないがバスを降りて目の前にいきなり広がるのは雄大な……奇岩。ただそれだけなのに確かにここは訪れるべき場所だと一瞬にして理解してしまう。私は炎天下の中30km近く歩き回り、肌が赤く染まると共にこの地が記憶にも刻まれた。下／朝4時半。私は重い瞼を指で引っ張りその時を待っていた。カッパドキアで朝見ることができる、体験することができるのが気球に乗る、ということ。発着場に着き、パンを熱いチャイで流し込みながら気球に熱が込められていくのをずっと見ていた。朝焼け前に飛び立った私はまだ眠っている街を見ながら地平線の彼方を見つめ、その日の始まりを目にした。これ以上はない、これ以上は。

KAWASAKI

川 崎

こうして私は地元に帰ってきた。旅を終えた後、過去を振り返りたくなった時にはいつも地元の川崎へ赴く。小学校への通学路、中学生の頃使った道、長い時間を過ごしたけれどもう私のものではない家。関係のない人から見たらただただ普通の風景だが、ここには私のすべてが詰まっている。ずっと見てきた桜も、友人と行った夏祭りも、遊んだ公園もすべて。多くの場所を訪れて感動することは多くなったが、どんな場所を訪れても故郷は一つ。東京に移った今でもそれは変わらない。また何か思うことがあれば、何度でもここを訪れるだろう。多分それは死ぬまで変わらないことを願う。
「神秘的なことは、馴染み深い場所で起こる。なにも、世界の裏側まで行く必要はないのだ。」はある写真家の言葉だが、どこにでも日常があるからこそ、その美を見つけに世界中へ行くのだと今は思う。少し視点を変えて風景を見てみると、世界が少しだけ美しく見えてくるのかもしれない。

Ezogeek　Shohei Koga

1995年、神奈川県生まれ。東京を拠点に国内、海外を問わず様々な場所の日常風景を撮影。自身の写真や日常をまとめたサイト『NocTone』を運営する他、国内外のウェブ媒体や雑誌等の撮影も行っている。
日常の隙間を撮ることを得意としており、写真から空気の匂いがする写真を目標としている。
Ezogeekの名前は蝦夷菊（別名：アスター）の花言葉「結果論、追憶」を気に入ったことに由来し、英語でマニア、変わり者を意味するgeekをもじってEzogeekとした。よく聞かれるが北海道に何のルーツもない。

NocTone
https://photograpark.net/
Twitter/Instagram
@photograpark

世界を自由に歩ける日
その時見たいのは
何でもないけれど
なぜだか妙に純度の高い
こんな景色だ

2023年 8 月17日　初版第 1 刷発行

著者　　　Ezogeek　Shohei Koga

デザイン　三上祥子（Vaa）

発行者　　石井 悟
発行所　　株式会社 自由国民社
　　　　　〒171-0033 東京都豊島区高田 3 -10-11
　　　　　電話 03-6233-0781（営業部）03-6233-0786（編集部）
　　　　　https://www.jiyu.co.jp/
印刷所　　株式会社シナノ
製本所　　加藤製本株式会社